NINGUÉM ESTÁ SOZINHO!

LUIZ SÉRGIO

Espírito

NINGUÉM ESTÁ SOZINHO!

Psicografado por:

Irene Pacheco Machado

RECANTO

19ª Edição

2011

Capa: Mauricio Maia Soutinho

Sérgio, Luiz (*Espírito*).

Ninguém está Sozinho! / Luiz Sérgio ; psicografado por Irene Pacheco Machado. — 19. ed. — Brasília : Recanto, 2011.

192p. ; 21 cm.
ISBN 85-86475-02-5

1. Espiritismo. 2. Tóxico.
I. Machado, Irene Pacheco. II. Título.

CDU 133.9

ISBN 85-86475-02-5

Nota do Editor:

1. O trabalho de psicografia que compõe esta obra transcorreu no ano de 1980, em Brasília, DF, Brasil.

2. 1ª edição: 1981 — Tiragem: 10.000 exemplares.

3. Esta edição: do 101.º ao 105.º milheiro.

SUMÁRIO

GRATIDÃO

Amigos,

Agradecimento é uma palavra que poderia ser empregada aqui por nós, simplesmente, para expressar o sentimento de gratidão, tentando recompensar aqueles que muito têm-nos auxiliado, desde as primeiras publicações das mensagens de nosso filho Luiz Sérgio.

O enlevo fraternal se propaga e, com isso, vamos colhendo dos dois planos — espiritual e físico — experiências que nos enriquecem e nos acariciam pela bondade com que nos envolvem.

Isso nos faz acreditar que são corações que se fazem instrumentos de Deus para trazer e levar, como elos de uma corrente de amor, o incentivo do trabalho, da perseverança e da fé, no caminhar de nossa evolução.

Por isso, amigos, também acreditamos que "Ninguém está Sozinho", e voltamos a dizer — simplesmente — muito obrigado.

Zilda e Júlio

Os pais de Luiz Sérgio

Brasília, 17 de novembro de 1981.

PREFÁCIO

Temos presente, como resumo, a figura e a vida de Luiz Sérgio.

Personagem inteligente, oferecia uma imagem contrastante: a dinâmica adotada no modo de expressão — a sensibilidade de seus sentimentos, a voz impetuosa, palavras rápidas e olhar belicoso mal escondido — por trás dos óculos — os gestos meigos, atitudes benévolas. Suas expansões, quase sempre ocasionadas pelo discernimento natural do momento, vinham regidas por um gargalhar teátrico ou por pranteadas lágrimas, mas, em qualquer dessas manifestações demonstradas, percebia-se, sobremodo, uma autenticidade honesta e espontânea.

Ao passar para o Oriente Eterno nem dúvidas tivemos, como um de seus mestres, em iniciá-lo *post-mortem* na Ordem Maçônica, uma vez que era um dos seus filhos adotivos (*Lowton*). É sob este predicado que ora dispomos a enfocá-lo acerca da sua obra "Ninguém está sozinho", manifestando, por isso, a nossa gratidão aos bondosos irmãos e amigos Júlio e Zilda — seus genitores, e a reverência à psicógrafa — Irene Pacheco Machado.

Ao conceituarmos, assim mesclado, o nosso pensar, tornamos à Ordem dos Pedreiros Livres agora, mais difícil que nunca, menos discreta, até onde for necessário, para afirmar ao público, aos jovens mais em particular, que seus princípios filosófico-doutrinários têm por objeto essencial a ação moral.

Aqui, o retorno de Luiz Sérgio, bem como dos seus companheiros e amigos do Mundo Espiritual, na luta contra o tóxico, fica limpidamente externada, se nos apresentando como "baixinho, invocado e já sem óculos".

Erguendo como lábaro uma das virtudes muito suas, e que aos espiritualizados logo se identifica como ponto de partida de todas as outras, sem a qual a felicidade e a justiça seriam bem mais difíceis e que encontra respaldo no fundo de todas as máximas maçônicas, espíritas e religiosas — a bondade.

Mais que o temperamento, a bondade mede a elevação da alma; mais que a beleza, dá ao rosto um encanto indizível. É por ela que podemos levar ao desgraçado um socorro eficaz. É pela bondade que contribuímos para a felicidade da família, da esposa e dos filhos, como pensam e agem os componentes colaboradores da "colônia-escola".

Sem a bondade, estaríamos entregues aos sentimentos tristes e odiosos, que, para tantos homens, explicam suas intolerâncias e hostilidades contra as reformas sociais.

A doutrina de Jesus e sua glória mais pura estão reunidas nesta expressão — a bondade evangélica. Isto é o que fielmente caracteriza a tendência das mensagens deste livro. Isto é a moral dos adeptos da Arte Real. Isto é o totem de todos os iniciados. Isto é a razão que motiva os cultos cristãos nos lares. Isto é a voz de Jesus nas igrejas cristãs. Isto é a manifestação de Aton nos mestres da Casa da Luz. Isto é a principal sentença nos hinos de Aknaton. Isto é Deus!...

Na cordialidade para com os outros, supõe-se o contentamento interior. Eis o sentido de vida de Luiz Sérgio — o maçom, que aqui expressamos assim: bondade de Luiz Sérgio, bondade dos seus companheiros e amigos, jovens da espiritualidade: Enoque, Sadu, Samita, Carlos, Sara, Karina e outros que, como "Caminheiros do Mundo Espiritual" na luta contra o tóxico, nos dão a certeza de que "Ninguém está sozinho"...

Num estudo sério dos fenômenos históricos da religião, fica-se à mercê da razão, trabalha-se para o advento de novas ideias, sem temeridade ou intolerância, mas com energia e coragem, por ação calma e refletida, contínua e sem agitação febril.

Neste livro, em sua primeira mensagem, logo nos prende o diálogo Sérgio-Enoque, quando este, ante a revelação de Sérgio do não desejo de reencarnar, contrapôs: "Amigo, na terra, quando perguntam a alguém se deseja morrer, a pessoa sente o que você sentiu agora: pavor. Somos sempre assim: quem aqui está não deseja voltar e os encarnados lutam para não fazer a passagem. Sabe, Luiz Sérgio, conheço um médium que sempre diz: "o melhor é cada um ficar em seu lugar", esquecendo que "morrer" é viver e, que quantas vezes desencarnarmos, tantas vezes encontraremos a vida".

Agora lembramos Lavoisier: — "Nada se cria e nada se perde, tudo se transforma incessantemente". É isso: o homem cresce, pensa, cai, transforma-se e volta à causa primária, deixando apenas reminiscência de sua última forma, ou conservando uma partícula essencial, imutável e imortal.

Numa de suas costumeiras ações em grupo, Sérgio hesita quanto à posição delineada de Deus ante a existência dos males; ouve de Enoque o seguinte: "— Deus, Sérgio, é amor e liberdade; amando e oferecendo a cada um de nós o livre-arbítrio, Ele nos faz deuses do bem, mas se acolhemos o mal respondemos por ele. Cabe a cada um de nós a escolha."

"Ninguém está sozinho" nos induz à religião, à prática da bondade, do trabalho e da fé. Os pesquisadores das situações religiosas de nossa época convenceram-se de que a fé está desaparecendo cada vez mais da sociedade contemporânea. — Por que, para tantos jovens, se torna difícil acreditar na existência de Deus? Responde o Livro: — Grande parte deles vive num tédio social pelo abandono da família, das inspiradas virtudes emanadas do lar.

Reportando-nos a Nietzche — que há mais de um século anunciava: "— Deus está morto, os homens o assassinaram..." — auscultamos a verdade segundo a qual, se nos tornarmos criancinhas, poderemos entrar no Reino do Céus. Contraditoriamente, nós nos tornamos homens, super ou farrapos, mas adultos. Queremos o reino da Terra; o resto é resto, a questão é ignorá-lo!...

A nova contraposição que aqui se dispõe insinua-se como salutar exemplo e notabilíssimo conselho — Enoque a Sérgio: "— Olha ao teu redor e vê que caminham, junto a nós, irmãos nossos, sejam eles repletos de luzes ou apenas farrapos de dores."

Admoestações assim, aqui contidas, para se meditar em favor da fé e da bondade, abnegações desses "Caminheiros Espirituais" no combate ao vício que corrói e mata, trazem para o nosso mundo, para o jovem principalmente, um "Intercâmbio" de "Novas Mensagens" "Na Esperança de Uma Nova Vida". Eis "O Mundo que eu encontrei" neste 5º livro — "Ninguém está sozinho!..." (1)

Suas mensagens caracterizam-se no combate às excitações de uma pseuda felicidade e grandeza, como resposta a alusões frias como a do astrólogo Laplace a Napoleão Bonaparte, quando este lhe perguntou por que não mencionara Deus em seu "Tratado sobre as Estrelas". "— Foi porque não tive a necessidade dessa hipótese". Ou, ainda, a expressão presunçosa do escritor Dietrich Kerler: "— Mesmo que fosse possível provar matematicamente que Deus existe, eu não quero que ele exista, porque ele limitaria a minha grandeza."

É por se defrontar com manifestações dessas, que sabemos como é difícil se conquistar virtudes. Como o caminho do bem está cheio de tropeços, compensa-nos a certeza de que "Ninguém está sozinho". Sérgio, aqui, amoroso como sempre,

1. Nota do Editor — Títulos das quatro obras anteriores de Luiz Sérgio

diz: "É apanhando que se aprende. Graças a Deus, junto com vocês eu aprendo sem apanhar". E, mais adiante, vivendo com seu avô em espírito, a dócil resignação de suas emoções: "Vô, já melhorei, você não acha? Já nem choro como antigamente..."

Em uma das conferências assistidas pelo seu grupo, Sérgio sentiu-se elevado, e com olhos fechados parecia meditar. Quando os abriu notou, ao lado do conferencista Enoque, um simpático velhinho, com um cajado às mãos, olhar cintilante, vestido com um camisolão branco translúcido. Nada disse. Não foi apresentado pelo conferencista nem mencionado de qualquer forma (?). Quem seria?... Aventamos uma insinuação: — *Agnus Dei...*

A conferência girou em torno das lições extraídas da própria vida, em favor da evolução. Isto é um princípio Rosacruz. É pura ciência evolutiva. É a "Ordem dos Antigos Construtores dos Templos", que tem por fim apoderar-se da ciência à medida que ela se revela, não importa onde, e sem preparar o progresso social. Por isso, escuta-se pregar a moral, quando se está em um Templo onde a Doutrina e a Sabedoria, resultantes de esforços seculares, nos dominam e nos dirigem. Por isso amalgamamos as conceituações.

A vulgarização de verdade nova é sempre lenta e sua integração aos costumes, mais lenta ainda.

"Ninguém está sozinho" faz os leitores pensarem, e os transforma em apóstolos de verdades novas, isentos de preconceitos, de fraquezas e de leviandades de espírito.

Assim como o bispo Charles Webster Leadbeater é para muitos, maçons e espíritas, uma consideração distinta, Luiz Sérgio é, para nós, o que será também para muitos: verdade nova!...

"Ninguém está sozinho" é uma verdade. É um templo! Aqui aprendemos que temos de exercitar para sabermos as práticas das virtudes com denodo e persuasão. Ensina e age como os rituais dos seguidores da Ordem dos Templários sentenciam: “A vida do homem é uma centelha, um minuto, durante o qual ele sai da noite infinita. Uma voz interior lhe diz: — Procura ver e saber. O espaço imenso, apesar de aberto diante de si, é um obstáculo? Se demora a incerteza, o instante da vida passa e ele volta à noite sem ter visto a Verdade...”

Prezados leitores, a porta deste Templo está aberta. É hora de reencetar os trabalhos.

Podeis entrar...

Lauro Menezes

Brasília, 17 de novembro de 1981.

Capítulo 1

O PAVOR DA VOLTA
PALESTRA DO MENTOR CÂNDIDO

Espraiava-se pela colônia espiritual, como sempre, forte perfume de violetas e rosas. Eu ignorava quais seriam as minhas atribuições dali para frente. Meu coração estava oprimido, pois não desejava separar-me daqueles a quem me afeiçoara tanto. Todos representavam muito em minha vida — pontos reluzentes clareando meu caminho na bela vereda do Cristo.

Encontrava-me absorto nesses pensamentos, quando se aproximou Enoque, jovem oriental, dizendo:

— Qual é a sua, Sérgio? Caretice, só nos planos do egoísmo. Quem ama nunca se separa nem diz adeus. Os nossos amigos nos chamam. Temos outros trabalhos. Aqui, como em outros lugares, o que falta são obreiros. Vamos até a ala dos espíritos que preparam a reencarnação. Precisamos dar forças a um irmão que não aceita voltar à Terra, sentindo mesmo verdadeiro terror, já a tendo rejeitado algumas vezes. Está dando muito trabalho para os encarregados daquele departamento.

Lá chegando, observei vários espíritos, alguns como crianças, outros lúcidos, sabendo da próxima reencarnação, um tanto aflitos. Um irmão aproximou-se de nós e falou, dirigindo-se a Enoque:

— Pensei que já me tivesse esquecido, cara! Onde tem andado você? Por que eles desejam tanto que eu volte? Onde fica meu livre-arbítrio?

Enoque não respondeu a essas indagações. Com a mão sobre o ombro do rapaz, fez a apresentação:

— Este é o Luiz Sérgio, um colaborador da Colônia-Escola; e este é Pablo, da Colônia dos Miosótis, hoje precisando reencarnar, pois, através do suicídio, partiu antes do tempo.

O jovem parecia deveras irritado e ia retrucar, quando Enoque, com a paciência de sempre, acrescentou:

— Vamos dar uma volta. Precisamos conversar.

— Ótimo, respondeu Pablo, estou cheio de escutar pregações e mais pregações. Eu não aguento mais. Adorava viver mais livre nas colônias e essa agora não compreendo. Sempre estudei, procurei reformar-me, mas não gosto da ideia de voltar à Terra. Tenho medo de reincidir nos erros e sofrer. As pregações me atingem porque sei que diante dos divertimentos vou esquecer tudo. Apavorava-me esse retorno à carne. Já consegui, mesmo no ventre materno, libertar-me, mas os homens deste departamento são teimosos...

Enoque gostou do desabafo de Pablo, sorrindo deliciosamente. Aí, olhou para mim e perguntou de chofre:

— E você, Sérgio, deseja reencarnar?

Levei um tremendo susto, para não dizer que fiquei apavorado. Controlei-me e indaguei.

— Por quê? Está no tempo de isso acontecer? Confesso que agora não gostaria...

Notando minha reação, sorriu para mim, esclarecendo:

— Amigo, na Terra, quando perguntam a alguém se deseja morrer, a pessoa sente o que você sentiu agora — pavor. Somos sempre assim: quem aqui está não deseja voltar e os encarnados lutam para não fazer a passagem. Sabe, Luiz Sérgio, conheço um médium que sempre diz: "o melhor é cada um ficar em seu lugar", esquecendo que "morrer" é viver e que quantas vezes desencarnarmos, tantas vezes encontraremos a vida.

Pablo ouvia em silêncio aquele oriental — que nem parecia o jovem brincalhão e alegre que conhecíamos, pois falava sério e com muito conhecimento.

Abraçado ao jovem, continuou:

— Pablo, eu amo você. Em muitas ocasiões fomos à Crosta juntos, procurando ajudar as pessoas. Entretanto, nós, os seus amigos, agora estamos sofrendo, vendo-o indisciplinado, por não escutar os espíritos com mais experiência. Você até quer dar uma de chefe, quando o maior chefe do Planeta — Jesus — curva-Se diante de Deus, obedecendo ordens. Quem somos nós para levantar a voz contra amigos leais, que sabem o que é melhor para os nossos espíritos? Você tem conhecimento de que o Espírito não retrograda, mas pode estacionar e, nessa atitude, é o que está a fazer! Julgando-se vencedor, está perdendo tempo, retardando sua chegada a planos celestes. Só a encarnação pode oferecer-nos o bilhete para a grande viagem aos braços de Deus!

Enrijecendo os músculos da face, ele fitou Enoque e assim se expressou, arrependido:

— Tem razão, vamos voltar ao departamento. Lá, preparar-me-ei para alcançar as esferas da carne. Estou agora mais consciente de que aquilo que julgamos o melhor para nós, muitas vezes é o pior.

Voltamos. Só Enoque falava, alegre e brincalhão, divertido, novamente. Eu e Pablo em silêncio o escutávamos, felizes por tê-lo como dileto companheiro.

Chegando ao departamento, Pablo agradeceu nossa companhia e disse não precisar que o levássemos lá dentro, pois tudo ali lhe era muito familiar. Abraçou bem forte o Enoque e pude, pela primeira vez em alguns anos, senti-lo emocionado diante daquele espírito que ia voltar à Terra, reencarnado.

Retirando-se, Pablo acenou para nós e entrou.

Enoque, um metro e noventa de altura, com seu lenço à cabeça amarrado como cigano, voltou-se para mim, rindo, como se nada tivesse acontecido, e falou:

— Irmão, vamos ao anfiteatro. Lá está sendo realizada uma aula que nos interessa muito.

Aquele jovem que comigo caminhava era um mistério, não só para mim, mas também para os outros que, como eu, ali se encontravam para estudar — ora juvenil, ora adulto, ora alegre, ora sereno.

Ao nos aproximarmos do anfiteatro, assaltou-me uma saudade imensa de Carlos, Sadu, Samita, Karina e Ocaj[(2)]. Pensei: "como é bom possuir amigos!" Recordei-me de que, ao retornar à pátria espiritual, deixei caríssimas pessoas na Terra. Cheguei sozinho, pois os que comigo viajavam ficaram ainda vestidos com a roupagem carnal[(3)]. Só a minha foi destruída. Não dava mais para ser usada. Aqui aportando, fui acolhido carinhosamente e junto aos bons amigos estou vivendo, haurindo conhecimentos que transmito através de bondosas mãos, para os que virão algum dia.

O anfiteatro é difícil de ser descrito para os encarnados. Possui o que há de mais moderno em aparelhos de som. Pro-

---

2. Personagens do livro *Na esperança de uma nova vida*, 4.° volume da Série Luiz Sérgio, no qual ele descreve cada um deles com as experiências que tiveram na última encarnação. Carlos, Sadu e Samita são médicos; Karina, uma jovem ex--viciada. Ocaj, um oriental amigo.

3. Ver *O mundo que eu encontrei*, 1.° volume da Série Luiz Sérgio, no qual são relatadas as primeiras impressões que teve do mundo espiritual, ao se ver, de súbito, separado do corpo físico em desastre de automóvel, deixando os três companheiros de viagem a continuar suas atividades terrenas.

curei, entre os presentes, os mais ligados a mim e só encontrei o Carlos. Uma moça chamada Sara, com um belo sorriso estampado no rosto, aproximou-se de nós, indagando:

— Você é o Sérgio? Alô, como vai?

Sentamo-nos, e logo após o mentor Cândido iniciou a palestra:

"Queridos jovens e irmãos. Atravessamos, não só na Crosta, como também aqui na Espiritualidade, momentos de angústia, pois gravitam, próximas da Terra, as nossas colônias de socorro e junto a elas vivemos o terror das drogas. Temos estudado um meio de salvar a juventude, que hoje, mais do que nunca, abusa do livre-arbítrio e retarda o aperfeiçoamento do espírito. Em grande número de lares terráqueos existem jovens que já viveram ou vivem prisioneiros do vício.

Foi criada junto à Crosta uma colônia, para onde são levados os suicidas, depois de nos postos médicos receberem os primeiros-socorros. Ao livrarem-se do tormento da dependência, lá são medicados pelo néctar do amor e muitos deles juntam-se a nós para a grande batalha contra a pior bomba que hoje destrói a juventude — a droga. E Jesus arma-nos de amor, colocando em nossas mãos o Evangelho. Quando os espíritos encarnados e desencarnados preocuparem-se em evangelizar a família, os jovens encontrarão Jesus no mundo e assim diminuirão as lágrimas.

A juventude está decaindo. Meninas vendem-se barato para conseguir alguns gramas da erva da destruição. Temos de intuir os encarnados a fazer o culto cristão no lar, quando a família reunida agradece a presença do Cristo como proteção contra os vícios que hoje fazem da família uma instituição quase falida.

Sempre unidos no amor, poderemos ajudar nossos irmãos que julgam que vida é só a material e, indiferentes, vivem a destruir o corpo através do vício, esquecidos de que jamais morre o espírito. Falanges de jovens peregrinos do amor, somos estrelas na noite escura da ganância, do egoísmo e do orgulho, mas a Estrela de Deus, que é Jesus, como uma usina geradora, não nos deixará desamparados.

Sigamos em frente, e onde houver uma criança, um jovem, um irmão suicidando-se, lá estaremos nós, não para condenar, mas para tentar tirar-lhe a arma que mata e destrói — a droga.

Que Deus proteja a juventude — a maior vítima! Que Jesus, o amigo de toda a Humanidade, volte à Terra, através do Evangelho redentor, e viva em Espírito e Verdade nos atos de cada cristão que ama, ampara e serve em Seu nome! E que a Virgem Maria, a rosa de Nazaré, perfume as nossas consciências, fazendo-nos ajudar sempre e nunca atirar a primeira pedra; levantar, sim, mas jamais reprovar alguém por ter caído; auxiliar a todos sem olhar os rótulos religiosos e, unidos na prece, dizer bem alto: “salve aqueles que vêm em nome do Senhor!”

Capítulo 2

ABRIGO E AMOR NO MUNDO ESPIRITUAL

Após a pregação, fomo-nos retirando em silêncio. Observava, demoradamente, cada irmão e notava neles um interesse muito grande no aprendizado. Carlos continuava ao meu lado, assim como a jovem Sara. Ela percebeu minha curiosidade e expressou o que sentia:

— Luiz Sérgio, gosto demais de nossas aulas e acredito que todos os que até aqui chegaram também gostam.

Fez uma pausa e acrescentou:

— Pelo muito que até hoje recebemos, dia a dia aumentam as nossas responsabilidades.

Momentos depois, retirou-se.

Lembrei-me, então, de que Enoque havia-nos deixado sem se despedir e comentei isso com o Carlos.

— Calma, Sérgio, ele é muito ocupado e quando percebe que algum jovem está em perigo, procura atendê-lo o mais rapidamente possível, e como nós estávamos em uma aula, qualquer sinal que ele nos fizesse poderia comprometer a bela pregação. Espírito bom é outra coisa, em cada gesto aprendemos várias lições. Amigo é como o ar: só damos valor quando nos falta.

Continuava ignorando até aquele momento o serviço que íamos realizar.

— Nada sei, Carlos, do que me espera, se continuo aqui, ou se vou para outro lugar. Sabe, fui à minha antiga colônia[4] e abracei cada amigo dali com amor e saudade. Não esquecerei jamais todo o carinho que ali recebi. Quantos ensinamentos o nosso orientador de disciplina nos transmitiu!... Quando deixei a Terra chorei, confesso, por me sentir só, pois os amigos tinham ficado. E qual não foi a minha felicidade quando cada rosto que encontrava se abria em flores perfumadas de amizade sincera e humilde! O mundo espiritual me recebeu, Carlos, como um porto seguro abriga desde o maior e mais belo transatlântico até a mais modesta embarcação. Sendo eu apenas um barco pequeno e cheio de perfurações, foi-me oferecido abrigo e amor. Julguei que ia ficar definitivamente por lá, quando a irmã Josefina me avisou que ainda era preciso me firmar aqui na escola, porque, sendo aluno, tenho muito a aprender.

Aí, contei ao Carlos que quase tinha "morrido de susto" quando Enoque brincou que eu deveria reencarnar. Ele riu muito e me falou:

— Hoje, Sérgio, reencarnar é prêmio. Está ficando muito difícil e cada dia pior. O que mais tenho medo não é do reencarne e sim de tornar-me bebê de proveta!...

Gostei da piada e voltei a indagar:

— Por que, Carlos, no corpo carnal tememos a morte e aqui tememos a carne?

— Consciência, amigo. Só ela é a culpada do medo. Pressentimos que, sem a roupagem carnal, nada fica em mistério. Os instintos que escondemos com a capa da boa educação, no mundo espiritual serão revelados e todos irão presenciá-los. E, ao nos encontrarmos aqui, assalta-nos o medo de, quando na carne, esquecer tudo o que aprendemos neste plano e reincidir nos mesmos erros. Irmão, vamos mudar de assunto.

---

4. *Estância da Luz Divina* — ver "O mundo que eu encontrei", 1.° volume da Série Luiz Sérgio.

Lembremo-nos de que somos ainda aprendizes. Sabe-se muito pouco da verdade do Espírito, esse astro supremo que Deus Onipotente cria a cada instante para um mundo de paz e luz.

Saímos. Bem perto de nosso alojamento, quem encontramos? Sadu, Samita e Karina. Gritei, pulei e os abracei amorosa e demoradamente. A alegria era geral. Ninguém pode imaginar o que senti ao rever aqueles amigos, dos quais me afastara havia algum tempo.

Perguntei ao Sadu:

— O que tens feito, tibetano?

— E você, frade, aproveitou as férias? Nós, todo esse tempo, temos ido à Crosta em missão, junto a outras caravanas, buscando jovens nos vales dos suicidas. Trabalho não faltou. Entretanto, sentimo-nos felizes e recompensados em presenciar um Diogo[5] já fortalecido e lutando para vencer o vício, que, apesar de desencarnado, o fez prisioneiro! Querido amigo, sentimos sua falta, mas como você ainda tem necessidade de repousar, não foi possível levá-lo conosco.

O interessante é que eu já ia perguntar por que não me havia levado.

Samita acariciou meu rosto, dentro da dignidade de um espírito com Jesus, e falou:

— A saudade é como as tempestades: são necessárias, mas nos causam medo e tristeza. E separar-se de um ente querido é sentir a tempestade sobre nós.

Observando que Karina permanecia silenciosa, brinquei com ela propositadamente:

— Ó gata! — pois belos olhos a irmã possui.

---

5. Jovem suicida socorrido pelo grupo, cujos detalhes encontram-se no livro *Na Esperança de Uma Nova Vida*, 4.° volume da Série Luiz Sérgio.

— E você, metralha, como tem passado? Compôs muitos poemas de amor aos amigos, ou ainda procura servir aos amigos em cada poema de amor?

Continuo amando essa menina como a uma irmã querida. Fitando-a, declamei, de joelhos, com a mão no peito, em reverência:

Poema do meu caminho,
Olhar de mulher-menina.
O sopro do seu carinho
É luz que me ilumina.

Procuro sempre encontrá-la
Tal qual a felicidade.
Tendo aprendido a amá-la,
Como senti saudade!

Todos se divertiram.

— Que linda, Luiz Sérgio! exclamou Karina.

— Só que não é minha. É da nossa amiga Audes Sulles[6].

Éramos jovens, brincando como qualquer jovem da Terra. Nisso, quem chega? Enoque, o amigo da juventude.

— Meus amigos, peço desculpas por ter-me retirado sem me despedir. O momento não me concedia os predicados da boa educação. Hoje vamos descansar, mas amanhã, mãos à obra! Temos de chegar até a Terra. Vamos aos lugares onde precisam de nós. Para esse serviço faz-se necessária muita oração e, principalmente, muito amor. Irmãos, iremos entranhar-nos nas rodas de fumo, nos locais onde ele corre solto, desde o simples lar até nos clubes de luxo. Mas, antes, precisamos entrevistar-nos com alguém de muita experiência, que hoje se encontra aqui. Veio conversar com os encarregados deste

6. Um espírito muito chegado ao grupo.

departamento e consegui que ele nos recebesse. Vamos até a ala três. Lá nos espera o grande amigo.

A "patota" estava novamente formada e reconheço que fiquei muito feliz, feliz mesmo.

No lugar indicado, fomos recebidos pelos irmãos Cady e Catarina e conduzidos até o amigo pela jovem e gentil senhora. Entramos. Uma figura majestosa apresentou-se diante de nós. Sentimos que levitamos, tanta era a vibração daquele Espírito, tão belo que dava a cada um de nós vontade de abraçá-lo. Sorriu, e aquele sorriso penetrou em nossos corações, dando-nos uma força imensa como a dizer que não desistíssemos do caminho da luz, o de auxílio ao próximo.

Dirigiu-se a nós:

— Jovens e queridos amigos, felizes estamos pelo trabalho que foi escolhido por vocês: prestar socorro à juventude que, por não conhecer Jesus, suicida-se, dentro de uma época na qual a tecnologia deslumbra os olhos das crianças. A tarefa escolhida por vocês vai exigir muita renúncia e, principalmente, muito amor. Diante do erro, todos precisamos lembrar Jesus. Ele Se fez o menor dos servos, mas permaneceu fiel a Deus. Conviveu com os pecadores e cruéis e jamais usou a violência ou a acusação. Irmãozinhos, na Terra vocês irão encontrar o fogo do ódio, a perdição do ouro, a destruição da família, o aniquilamento do cérebro das crianças. Perante tudo isso, precisamos estar armados com a oração e a coragem, para não nos desesperarmos diante das dores, não recuarmos nas horas perigosas ou não perdermos o controle com os problemas que atingirem os nossos familiares. Recordemo-nos de que, todos nós, se fomos chamados ao serviço do Cristo, é porque já temos capacidade para tanto. Não podemos perguntar: "Por que eu?" Devemos, sim, tudo fazer para merecer esta amizade, este voto de confiança depositado em nossas mãos por Ele, o Pastor das almas doentes.

Todos são espíritos experientes, apesar da aparência jovem da última encarnação. Portanto, contamos com todos nesse belo trabalho de amor e renúncia. Não dizemos que vai ser fácil. Quadros terríveis vocês irão presenciar. Mas em cada sofrimento, em cada lágrima, procurem ser o remédio de Jesus, sem se preocuparem com a cura definitiva, mas fazendo de tudo para aliviar, no momento, a chaga que sangra, as lágrimas que caem.

Vão em paz, amigos queridos, e lembrem-se de que o Médico já esteve na Terra e Ele — o Filho do Homem — foi desprezado, martirizado e nós, espíritos devedores, só vamos à Terra nesse trabalho com a permissão do Pai, que através do Filho zela pela felicidade de todos. Em nenhuma circunstância julguemos que somos infalíveis e donos da verdade. A única preocupação de cada um deve ser a doação sincera de fluidos de amor para os doentes do espírito. Sejam felizes, irmãos, e que o Divino Senhor afague cada um de nós na alegria e na dor e, principalmente, nas horas em que Dele precisamos. Que a paz que os acompanha dê entrada nos lugares onde ela tem dificuldade em pairar. Deus os abençoe.

Capítulo 3

DUPLO ASPECTO DE UM CENTRO ESPÍRITA
A AMEAÇA SOBRE BERNARDO

Saímos dali aliviados e na certeza de que nos encontrávamos bem guardados. Os nossos amigos queridos achavam-se pensativos. Perguntei por que eles estavam preocupados e Sadu respondeu:

— Irmão, vamos veranear na Crosta e não é fácil. Lá o calor é imenso. A Terra está pegando fogo.

Carlos, brincando, acrescentou:

— Pior são as fumaças. Elas, sim, a tornam asfixiante.

— Quando desceremos? Agora fiquei curioso sobre o que vamos fazer e ansioso para começar o trabalho.

— Compreendo-o, Luiz. Voltar à Terra causa-lhe alegria, pois irá rever os amigos e os lugares queridos, não é mesmo? — falou Karina.

— Estou um tanto encabulado, porque vocês não me parecem felizes, amigos. Ajudar os outros deve representar muito para nós, espíritos aprendizes.

Enoque, silencioso, escutava nossa conversa e, nessa altura, interferiu:

— Tem razão, Sérgio. A Terra é um ímã que atrai muito. Mesmo que lá passemos os piores momentos, ela representa muito para o espírito que nela já encarnou. Agora, meninos, vamos até o alojamento e bem cedo partiremos. Primeiro, iremos a uma grande cidade, onde coisas estranhas estão acontecendo.

Despedindo-se de nós, retirou-se. Ficamos, ainda, alguns instantes conversando e depois fomos descansar.

Chegando ao quarto, não deixava de pensar na nova missão e confesso que também comecei a ficar preocupado. Como iríamos agir? Como procederíamos diante de uma situação nova para nós?

E assim transcorreram as horas.

Ao aproximar-se o momento combinado, escutei um assobio e logo ele — Enoque — apareceu alegre, descontraído.

— Vamos partir, amigos!

Carlos orava silenciosamente.

— Os outros nos esperam lá fora. Precisamos batizar o nosso grupo; venham.

Sentado na posição de lótus[7] , aventurei os títulos, com a turma já reunida: "Os não-mosqueteiros", "Os brasas frias", "Os granitos do amor", "Pingos de esperança", "Caminheiros da fé", e outros mais.

Ríamos a cada título, quando Samita sugeriu:

— "Estrelas de Deus", só elas podem clarear os lugares escuros.

Deixamos o nosso recanto amado, felizes e munidos da grande esperança de auxiliar o próximo. Aproximamo-nos de vários espíritos que, pelas vibrações que emitiam, podíamos compreender serem bem evoluídos. Aquelas figuras boas e simples juntaram-se às "Estrelas de Deus", como nos apelidou Samita.

---

7. Com as pernas cruzadas, joelhos dobrados e os pés próximos ao tronco.

Descemos em um pequeno posto de auxílio, uma Casa Espírita. Recebidos com carinho pelo encarregado espiritual, fomos alertados do difícil trabalho que nos esperava ali, naquela cidade, onde o Tongo[8] estava podendo agir tão bem. Tia Nádia, uma velhinha simpática, convidou-nos para a prece, pedindo por nós que trabalhamos nesse serviço de socorro.

— Aqui fica sendo o hotel de vocês. Podem descansar e se alimentar, pois os irmãos vão precisar muito, indo envolver-se com mentes perturbadas.

Estava curioso. Uma das partes da Casa foi transformada em alojamento, com várias camas, livros e aparelhos de comunicação para usarmos com a Espiritualidade. Parecia um sonho. Em uma das salas encontramos uma minissala cirúrgica, com os mais modernos aparelhos, que foram logo examinados pelos nossos três médicos, Carlos, Sadu e Samita, que sorriram, felizes, em sinal de aprovação.

Assistimos a uma palestra de tia Nádia, juntamente com os irmãos que ali trabalhavam, espíritos sublimes que já podiam estar em esferas superiores, mas que ali continuavam lutando pela felicidade do próximo.

— Irmãos, reparem aqueles perispíritos brilhantes! exclamei.

Comparei-os com o mundo dos encarnados, como se fossem grandes inteligências vestidas de gari para a limpeza e o embelezamento de uma cidade. Aqueles irmãos ali ficavam como os mais humildes trabalhadores, para conservação de uma Casa espiritista, em todos os seus aspectos; até enfermeiros e médicos davam plantão sem descanso. No entanto, os encarnados desconhecem todo esse harmonioso trabalho. O outro lado de um Centro Espírita, o ambiente criado pela

8. Tongo — entidade das trevas. Ver *Na Esperança de Uma Nova Vida*, 4.° volume da Série Luiz Sérgio.

Espiritualidade, merece um escrito especial. Nunca imaginei que uma Casa assim contasse com tantas entidades abnegadas que se esquecem de si para lutar pela felicidade dos encarnados e desencarnados. E, apesar disso, veem caminhar para o fracasso os seus objetivos, muitas vezes, por causa do egoísmo dos encarnados que, vestidos do orgulho, tentam fazer daquele apenas um local religioso a mais. Desde a mais humilde varredora até o diretor da Casa, todos lutam contra os ventos da discórdia e da falta de humildade. É um mundo encaixado em outro mundo, uma casa em outra casa. Procurei reparar a parte material: o aspecto não era belo. Faltavam obreiros encarnados para a limpeza de suas dependências, em contraste muito grande com a parte da Espiritualidade. Até a livraria necessitava de cuidados. Limpeza não é luxo, é trabalho. Se todos os adeptos e frequentadores de uma Casa de oração se dispusessem a ajudá-la, facilitaria muito o serviço dos desencarnados.

Tia Nádia percebeu minha preocupação.

— Sérgio, um dia esperamos ver isto aqui brilhando, com suaves melodias no ar, uma grande jarra de água para todos os que aqui chegam sedentos, a mesa abrigando o Evangelho e vários outros livros de mensagens para os que vêm desesperançados, um quarto pequeno com uma ou duas cadeiras, onde os amigos espirituais aplicarão passes a qualquer momento aos que aqui vierem desesperados. É o sonho de todos nós que trabalhamos em uma Casa Espírita: a mesa sempre posta, servindo o Pão Divino.

Sorri para ela e disse:

— Vamos chegar lá, tia, tenho certeza!

Os irmãos me esperavam e Enoque, brincalhão como sempre, inquiriu-me:

— Luiz Sérgio, você veio para trabalhar ou para se entreter? O trabalhador do Mestre sempre procura serviço e não espera que este lhe seja oferecido. Hoje vamos dar uma volta pela cidade. Samita e Sadu não poderão ir. Chegaram alguns doentes e eles vão atendê-los. Só Karina, Carlos e nós dois vamo-nos divertir.

Beijou a mão de tia Nádia, em reverência, e nos convidou a sair.

Não fomos longe. Encontramos logo um grupo de jovens conversando sobre o assunto “droga”. O maior, com uns quatorze anos de idade, tinha cheirado “loló” e, entusiasmado, comentava com a turma, pensando em uma festinha para todos aproveitarem. Karina observou:

— Olhe, Sérgio! Quantos amigos o Tongo colocou junto a estas crianças!

O mais velho estava tão empolgado que nem percebia que o seu nariz se encontrava ferido. As entidades sorriam. A tristeza logo me assaltou e meus olhos marejaram. Aqueles eram meninos ainda, como acreditar numa coisa dessas?

Enoque captou meu sentimento e veio em meu auxílio.

— Sérgio, a confiança depositada em nós é muito grande. Não esqueça que viemos para ajudar e não para lastimar.

Compreendi aquelas palavras e reagi. Enoque aproximou-se dos garotos. As entidades começaram a olhar umas para as outras, assustadas, sem compreender o que se passava. O nosso raio de sol deu passes na turma e o menorzinho, então, comentou com os outros:

— Isso é perigoso demais. O papai me falou que a gente morre, e depois, dá até cadeia.

As entidades procuravam dizer o contrário, mas pressentiram que o garoto não as estava escutando. Devagar, foram-se retirando para apurar o que estava acontecendo. Enoque aproveitou para aplicar outro passe. Olhamos para o Alto e vimos como se uma constelação estivesse emitindo luzes até aqueles jovens. O que já havia provado o cheiro sentiu ardência nas narinas e uma forte dor de cabeça.

— Sabe, eu estava tão bem! Não sei por que agora, só em lembrar da "loló", o meu estômago revira.

O menorzinho, espírito mais evoluído, sendo aproveitado pelo Enoque, acrescentou:

— O papai falou que esse cheiro atrofia o cérebro e vamos perdendo o olfato. Já imaginou se vira um câncer?

O mais velho estava apavorado, segurando o nariz que cada vez mais se avermelhava.

Aquele trabalho me encantava. Os mentores espirituais dos garotos projetavam uma luz junto a cada um deles, ajudando Enoque. Decorrido algum tempo, ele voltou para junto de nós e eu perguntei:

— Será que eles vão evitar entrar nessa?

— Vamos agora aos lares dos quatro, disse. Só os familiares poderão auxiliar-nos.

Partimos. No lar do mais velho entramos em seu quarto, muito confortável, todo enfeitado. Aliás, a casa era decorada com muito bom gosto. Logo na chegada foi preciso que nos resguardássemos: o cheiro de cigarro e bebida era muito forte.

Deitada em sua cama, uma bela senhora fumava sem cessar, preocupada com as diversas ocupações do dia: massagem, butique, cabeleireiro, fofocas, o chá das cinco. O jovem ainda não havia chegado. Observamos aquela mulher bem cuidada e ainda vimos duas crianças menores, belas, distraídas, assistindo à televisão. Procuramos dar um passe na nossa irmã, mas ela não parava de fumar, nervosa. Precisava sair, mas uma das garotas encontrava-se adoentada, não tendo com quem deixá-la. Nisso, o nosso irmãozinho entrou. Dirigiu-se à cozinha, abriu a geladeira, tirando algo, era uma maçã. Procurou pela mãe. Esta, com o cigarro entre os dedos, gritou-lhe:

— Onde andava, vagabundo? Preciso sair e você até a estas horas na rua! Logo hoje que a empregada não veio e a Luzia está doente! Sempre falo para o seu pai que você é um sem-vergonha e nada quer com a vida.

O jovem olhou a fruta que estava em sua mão e a colocou sobre um móvel, sem responder à mãe. Ela voltou a gritar-lhe:

— Não está vendo que suja o móvel que seu pai comprou tão caro?

O garoto virou-se para apanhar a maçã que não mais queria e estava se retirando do quarto, quando ouviu:

— Volte aqui, estou falando com você, seu atrevido!

Ele correu para o quarto, batendo a porta com força e começou a chorar, soluçando mesmo. Aproximei-me para consolá-lo e ele, fitando uma imagem que enfeitava a estante, balbuciou, entre um soluço e outro:

— Quero morrer, não importa que seja até de câncer. Hoje estava tão feliz e agora, que raiva do mundo!

Nós o acariciamos devagar, como a transmitir-lhe forças. Cansado de chorar, adormeceu. Dali a pouco, a mãe, batendo forte na porta, dizia:

— Abra e venha cuidar de suas irmãs, que já vou sair.

Deixando-o com a Karina e o Carlos (o Enoque já não se encontrava mais ali) fui atender a senhora, para ver se conseguia fazê-la acariciar o filho, a quem vamos aqui dar o nome de Bernardo. Quando saí e me defrontei com ela fiquei admirado com sua aparência: muito bem vestida e maquilada. Comecei a vibrar, lutando para mudar o seu procedimento para com Bernardo. Fiz projeção mental em filme de sua infância, mas ela parecia endurecida. Abriu a porta do quarto e despediu-se dele, dizendo que lhe queria muito bem, mas que ele era muito rebelde.

Eu me desdobrava, aplicando-lhe passes, e a intuía para que permanecesse junto aos filhos. Bernardo encontrava-se em perigo iminente. Estava sendo levado pelas ondas gigantescas de um mar tenebroso que hoje desvia os espíritos para o abismo escuro das drogas. Ela ainda pensou em não sair, mas o fez.

Deixei os amigos naquele lar e a acompanhei no carro que era dirigido com muita pressa. Ia eu falando para a sua consciência, relembrando o casamento, a chegada de Bernardo, a felicidade daquele lar nos primeiros anos, e já estava começando a ficar nervoso. A irmã dirigiu-se a outra casa, onde várias senhoras jogavam e contavam piadas, falando da falta de diversões da cidade.

Sentia-me fracassado, não sabendo mais o que fazer. Procurei concentrar minha atenção sobre outras irmãs, boas mães que ali se encontravam para se distrair um pouco e, ajudado por seus guias espirituais, projetei um filme de Bernardo doente em criança, conseguindo fazer sua mãe lembrar-se de que ele possuía um problema cardíaco. Ela era a salvação do filho. Sabíamos nós que, se ele entrasse na droga, logo partiria.

De súbito, ela exclamou:

— Desculpe-me, não posso ficar, estou preocupada e nervosa. Bernardo anda estranho e as meninas ficaram sozinhas. Vou-me retirar.

Voltamos juntos para casa. Ao chegar, ela parecia outra mulher. Bernardo, ajudado pelos amigos espirituais que com ele ficaram cuidando das meninas, tinha oferecido lanche a elas e a mãe os encontrou abraçados diante do televisor. Nossos amigos haviam tirado do coração do garoto toda a revolta.

No instante em que a mãe entrou, os três correram para ela, abraçando-a. Com os olhos cheios de lágrimas, envolveu-os num só abraço e confessou:

— Como posso procurar algum prazer lá fora, quando vocês representam o meu mundo feliz?

Bernardo pediu-lhe desculpas e disse que precisava com ela conversar. Ia contar-lhe a experiência pela qual já havia passado. Agora não era o momento propício. Ela falou, ainda emocionada:

— Preciso cuidar mais de você, querido. Já é um homenzinho e o mundo não está fácil para os homens.

Procurei meus amigos com os olhos e surpreendi Karina chorando baixinho. Carlos aproximou-se de mim, dizendo:

— Belo trabalho, frade, o menino tem uma lesão cardíaca e cheirando "lança" terá vida por pouco tempo.

Abraçados, afastamo-nos dali. O trabalho só havia começado, mas se Deus permitiu que no coração da irmã fosse colocada alguma coisa, quem sabe ela não iria, dali para frente, abrigar Jesus, o único que salva um lar?

Já estando junto à porta de saída, olhamos para trás e voltamos a presenciar o quadro que Deus nos legou vivo em nossos corações, através do lar santo que abrigou Jesus e que os homens tanto esquecem — A Sagrada Família.

Capítulo 4

O ANTICRISTO: A DROGA
A SALVAÇÃO DE MARCELO

Estava a pensar, desejando ardentemente narrar toda a experiência que estava vivendo, e não sei quanto tempo se passou. Preparamo-nos e nos dirigimos à sala de palestras. Já descrevi a parte espiritual dessa Casa, que nos traz uma imensa paz, pela leveza das vibrações do ambiente, pela constante música, pelas águas fluidificadas ao inteiro dispor dos sedentos de paz, pelo quartinho com equipes socorristas, aplicando passes nos que vêm à procura de alívio. Um Centro muito humilde, mas muito acolhedor.

Ouvimos a palestra que estava programada e observamos muitos amigos da Espiritualidade auxiliando o trabalho daquele momento. No entanto, também notamos muitos encarnados não dando o devido valor à palestra, distraídos, distantes, alguns só aguardando o passe, outros desejosos de ouvir um grande tribuno. Na parte espiritual, enquanto alguns davam assistência ao orador, outros encaminhavam espíritos perturbados, ou doentes, aos setores socorristas. Não paravam um só instante.

Chamados ao trabalho, retiramo-nos do Centro com o nosso orientador, que nos conduziu a uma lanchonete, onde presenciamos cenas deploráveis. Crianças nos seus treze anos procurando se autoafirmar. Os mais experientes do nosso grupo aproximaram-se dos jovens iniciantes para intuí-los, advertindo-os dos erros que iam praticar. Aqueles meninos estavam acompanhados de entidades de alto grau de maldade. Parecia-me, ali, que o Umbral tentava ocupar a Crosta, mas logo modifiquei esse pensamento, quando verifiquei que no mesmo local encontravam-se outros jovens sadios e que amavam Jesus.

Vi uma jovem de dezesseis anos aproximados conversando com um rapaz aparentando uns dezoito e pude perceber que ela sentia grande atração por ele. Procurei encontrar os seus pensamentos e notei que ele, sendo um escravo da droga, só estava esperando o ensejo de convidá-la para algumas puxadas. Confesso que naquele instante perturbei-me, desejando deixar este trabalho e voltar aos estudos nas colônias e estava a cismar, quando o nosso Enoque interferiu, frisando:

— Sempre que corremos da responsabilidade é por temê-la, julgando que diante dela vamos fracassar, ou porque não queremos assumi-la devido à renúncia que qualquer serviço sério nos pede. O maior serviço da Espiritualidade, no momento, é lutar contra o anticristo, que vem a ser a droga — o tenebroso mundo dos tóxicos.

Guardei a lição que o jovem amigo me transmitira, pois é um lutador contra todos os desregramentos que levam o espírito ao suicídio, desde o veneno branco, que é o simples cigarro, até o mais nefasto.

Logo depois, aproximou-se Enoque de Sadu para falar-lhe alguma coisa que não captei e se demoraram conversando. Ao voltar a observar o jovem casal, vi que, abraçados, deixavam o local e se dirigiam ao carro do rapaz. Ela havia aceitado sem hesitar, toda feliz, o convite que ele lhe fizera. Enquanto eu ficara prestando atenção aos meus amigos, descuidara-me do serviço.

Percebi que em instante algum podemos deixar de vigiar. Juntei-me a eles no carro e fiquei orando a Jesus e a Maria para poder, de início, salvar aquela garota. Sim, irmãozinhos, sempre existe a primeira vez e é contra esta que devemos lutar.

Já começava a ficar cansado, quando notei que a jovem se esquivava, não aceitando as carícias. O garotão tirou o "baseado" e deu umas puxadas, oferecendo-o à companheira, como a incentivá-la. Aproveitei! Reforcei as preces. Aí, a garota ficou em pânico, apavorada. Abriu a porta do carro e saiu dali correndo. O garoto desejou acompanhá-la, cheio de raiva, com a intenção de esbofeteá-la, mas fiquei junto a ele, tentando acalmá-lo. Notei, porém, que as vibrações se faziam por demais pesadas. Reparei à minha volta e vi os servos do Tongo inalando e sentindo as sensações do "baseado", que o jovem fumava nervosamente.

Afastei-me sem ser visto, ao encontro de Enoque, Karina e os outros, e qual não foi minha surpresa ao vê-los acompanhados de Sara! Esta segurava um pequeno aparelho. Por ele, recebia informações nossas, em caso de perigo. Na Terra, os encarnados acreditam que os espíritos tudo sabem, esquecendo que esses espíritos trabalham, não tendo tempo para inteirar-se de muitos assuntos, referentes até aos seus próprios familiares.

Fomos afastados dali. Pedi a Enoque e Sara para ajudar a mocinha da lanchonete, mas estes responderam que o quarto garoto do grupinho que primeiro avistáramos ainda faltava ser assistido e ali aparecera com outra turma. Chegamo-nos a ele, que conversava entusiasmado. Nesse momento, um deles começou a fumar, passando o "baseado" de um para outro. Tinham comprado de sociedade o tóxico e até brigavam por uma puxada a mais. Ao chegar a vez do nosso jovem, este engoliu em seco. Então, várias mãos, inclusive as de Enoque, fizeram como que uma proteção do mais Alto.

— Ou aceita ou é chamado de careta, disseram.

As mãos formavam uma pirâmide de luz.

— Hoje não. Cheirei a "loló" e estou com o estômago estourado.

Com essa resposta os outros até se alegraram, pois mais lhes sobraria. Respirei fundo e pude compreender a presença de Sadu e sua conversa com Enoque. Marcelo não se encontrava bem.

Acompanhamo-lo até sua casa. Ali, só encontrou a empregada, os pais estavam em casa de amigos. Ele se deitou, sentindo-se muito mal, e só em lembrar do cheiro piorava. Sadu cuidava dele juntamente com o Carlos. Sara e uma outra entidade, de posse de um aparelho trazido por ela, radiografaram logo seu estômago e os intestinos. Pela expressão do Sadu, vi que nada ia bem com o jovem Marcelo. Queria perguntar, mas achei mais conveniente continuar ajudando. Apliquei uns passes no irmãozinho e ele sorriu sem saber o porquê. Sadu nos chamou à sala e informou:

— No "lança" que eles fabricaram foi colocado um ingrediente de alto valor tóxico. Este garoto tem um pequeno tumor formando-se no estômago, ocasionado por alimentação inadequada, excesso de condimentos e molhos picantes. Quando ainda em tenra idade, alimentava-se mal, apesar de uma farta despensa. Preferia as guloseimas, chocolate, balas e refrigerantes, enquanto lhe eram preparados pratos com alimentos enlatados. Isso lhe prejudicou muito, porque saiu da última encarnação pelo suicídio, ingerindo veneno. Voltou com o estômago frágil e a família, por excesso de conforto, está dando a ele o talão de passagem. Se retornar agora, será como suicida inconsciente, é verdade, mas suicida da mesma forma.

Voltamos ao quarto. Marcelo encontrava-se um pouco melhor. Sadu conversou com Carlos e esclareceu que se o jovem houvesse puxado o fumo naquela hora, talvez se abrissem, ali mesmo, os pontos ontem cicatrizados e ele teria hemorragia interna.

— Mas tudo isso só com uma cheirada, quando vemos cada "nego" com o nariz aberto de tanto cheirar erva grossa?

— Pra você ver, Sérgio, graças a Deus ele está no começo, e assim como nós lutamos para lhe restituir a saúde, muitos espíritos das trevas tentam mantê-lo no vício, não só para alimentar seus instintos, como para propagar ainda mais a droga.

— E Deus, Enoque, onde fica nisso tudo?

— Onde, irmão, nós desejamos que Ele fique. Deus, Sérgio, é Amor e Liberdade: amando e oferecendo a cada um de nós o livre-arbítrio Ele nos faz deuses do bem, mas se escolhermos o mal... responderemos por ele. Cabe a cada um de nós a escolha.

Nisso, chegaram os pais de Marcelo sem que fossem ao quarto ver o garoto. Ele se apercebeu disso e pudemos ver lágrimas de solidão naqueles olhos. Aproximei-me, abraçando-o. Todos se comoveram com o meu gesto. Nunca pude ver alguém triste e preocupado, principalmente uma criança.

Karina saiu e logo voltou com a mãe dele.

— O que foi que aconteceu? Já em casa?

Passava da meia-noite.

— Estou passando mal.

— O que é que você está sentindo?

— Enjoo e tontura.

— Tome algum remédio, isso é ressaca. Você bebeu hoje?

Isto ela falava com a maior naturalidade, como se perguntasse: "tomou o leite?"

— Nem me fale de "birita", fico pior ainda.

O pai entrou no quarto, sentou-se na cama ao lado de Marcelo e achou o filho muito mal. Acariciou-o. Então, começou uma discussão, a mãe dizendo que ele mimava demais o garoto, que por isso era tão dengoso.

Começamos o trabalho de harmonização do ambiente. O pai saiu e vi Carlos acompanhá-lo. Mais tarde, voltou com outra pessoa, que foi introduzida no quarto. A mãe já se havia recolhido. O visitante examinou Marcelo e fez uma cara não muito satisfeita, pedindo exames. O pai estava preocupado.

— E então, doutor?

— O caso não é tão simples, não é, menino? disse em tom de brincadeira. Colocou o braço no ombro do amigo, levando-o para fora do quarto.

Sadu e Carlos falaram ao ouvido do médico. Notávamos sua preocupação.

— Caro amigo, o seu garoto apresenta sintomas de úlcera, mas só saberemos após os exames. Aconselho-o a fazê-los amanhã.

— Como não, disse o pai, até hoje mesmo!

— Vamos embora, disse Enoque.

Fui despedir-me de Marcelo, com a certeza de que o pai cuidaria dele e que o amor paternal iria livrá-lo dos falsos amigos. Entraria em um tratamento sério e, quanto ao tumor, a Espiritualidade iria tratá-lo. Logo Marcelo voltaria a sorrir.

Os amigos espirituais estão em toda parte; muitas vezes esquecemo-nos de dizer obrigado a Deus, a Jesus, quando somos salvos de algo que ia maltratar-nos muito. Ao nos sentirmos sozinhos e tristes nem nos lembramos de que Jesus prometeu nunca nos deixar sós. Chegamos a nos revoltar contra Deus, achando que Ele nos desamparou, enquanto obreiros da Espiritualidade encontram-se ao nosso lado, auxiliando-nos.

Aquele garoto, através da doença, estava sendo salvo. Quantas vezes nós ficamos doentes e vivemos a reclamar, quando a pior doença é a falta de fé em Deus. Hoje, as autoridades lutam contra a violência, mas Jesus e os Missionários Celestes tentam fazer penetrar nos lares da Terra o Evangelho, para guardá-los da violência que vem ameaçando a família. E o trabalho é esse: como um simples gari, sinto-me feliz em ajudar os amigos da Espiritualidade, aos quais poderíamos chamar de chefes, mas são amigos e, junto a eles, trago à Terra a bandeira da esperança para todos os amigos encarnados.

Capítulo 5

MÉDIUM "AMPLIADOR" GERAÇÃO DAS LANCHONETES

O dia vinha chegando. A caravana havia cumprido uma parte do serviço. A última assistência dada teve resultado positivo, pois Marcelo estava sendo socorrido pelos pais. A mulher fútil, que era sua mãe, ia ser despertada diante da doença do filho. O pai, que sempre o amou à sua maneira, satisfazendo-lhe todas as vontades, agora ia amá-lo como a um irmão que dele muito precisava.

Ao sairmos dali estávamos felizes. Dirigimo-nos à ala do Centro onde nos hospedávamos e lá unimos nossas mãos para agradecer a Deus por nos ter dado Jesus, o Amigo que orienta até hoje, conservando-se junto a nós.

Karina fez a prece. Escutamo-la, comovidos:

Deus, Pai Amado e Amigo, Seus filhos, de mãos dadas, unem-se para agradecer cada instante de trabalho na seara do bem ao próximo.

Senhor Deus, o mundo chora, mas a presença do Seu Filho querido — Jesus — é bálsamo e remédio para todas as dores. Muitos homens ainda endurecidos O ignoram, mesmo assim, almas pecadoras de ontem estão reunidas para lutar pela melhoria de cada ser e trabalhar no alívio dos tormentos.

Pai, os nossos corações estão repletos de esperança, pois sabemos que amando seremos amados, compreendendo o mun-

do de hoje seremos compreendidos no mundo de amanhã, que a dúvida que hoje assalta os homens, deixando-os insensíveis ao Seu chamado, amanhã deixará de existir, para que a certeza brilhe como o Sol depois das tempestades; que a impiedade que domina os seres, fazendo-os investir contra os próprios irmãos, será transformada em perdão, através de exemplos vivos dos missionários.

Senhor, ajude-nos a afastar-nos da escuridão da dependência dos vícios para a luz da liberdade, porque o mundo da droga é um mundo de mentira, um pesadelo com o verniz dos sonhos.

Auxilie-nos a descobrir em cada companheiro de aprendizado neste Planeta a verdade da Sua existência e da força dos Universos, desmascarando os mentirosos do falso prazer.

Deus de Bondade, a união deve ser a meta dos que guerreiam contra o próprio espírito, desejando aprisioná-los nas cadeias tenebrosas dos vícios.

Que o homem de hoje possa descobrir as flores, a beleza das estrelas, o azul dos céus, os campos floridos, os alimentos que a Natureza lhe oferece, a brisa, a lua, o sol, a terra fértil, enfim, Senhor, tudo o que de graça nos dá, compreendendo, por fim, que o Senhor é a própria Humildade.

Deus, Pai Criador do Céu e da Terra, nós O amamos.

A prece pronunciada por Karina foi uma síntese de um hino da Colônia dos Miosótis, o qual é recitado pela irmã encarregada daquela colônia.

Envolvidos pelas vibrações emanadas daquela oração, retiramo-nos, cada um para o seu alojamento. No caminho, encontrei o irmão que cuida do Centro (ele é encarnado). Cumprimentei-o com demonstração de amizade, e qual não foi minha surpresa quando ele saiu em disparada! Fiquei atônito e parei, sem compreender. Carlos, que vinha logo atrás de mim, falou-me:

— Vamos segui-lo, Sérgio. Ele está muito nervoso e assustado.

Em casa, junto à sua mulher, o nosso amigo quase não respirava. Iniciamos o passe para acalmá-lo e ele foi melhorando, até poder dizer:

— Sabe, mulher, hoje a vibração da Casa está péssima. Estava fechando o Centro quando encontrei um obsessor baixinho, gordo e de óculos... Mulher, já enxergou espírito de óculos, hem? Esse tinha os olhos vermelhos de fogo...

Assim, foi contando uma história de amedrontar até espíritos desencarnados. Carlos ria a valer, ao surpreender minha expressão bastante assustada.

"Será que carrego tão pesadas vibrações?" pensei.

Ele continuava:

— Vou pedir uma limpeza lá. O negócio está preto!

Depois que o vimos mais calmo, saímos. Carlos virou-se para mim e disse:

— Ó obsessor perigoso, sabe que eu não tinha reparado que emanas tochas de fogo? Que poder, Luiz Sérgio!

Não gostei da brincadeira, confesso, e fiquei triste sem atinar com o que se havia passado. Encontramos Enoque no quarto, que nos esperava sentado em posição de lótus.

— Sérgio, por que a tristeza? Ficamos felizes, pois o amigo já está se portando como desencarnado. Até ontem as suas reações eram de um encarnado. Se hoje já está passando por obsessor, evoluiu muito.

Achei muito estranha aquela conversa do Enoque e cada vez ficava mais confuso.

— Irmão, sente aqui e vamos conversar. O mundo dos encarnados vive cercado de fantasmas e de mentiras, por isso nós, que já nos encontramos libertos, devemos fazer tudo para entender suas reações. O nosso amigo que diz que o viu está com a mediunidade em desenvolvimento e já frequenta um grupo. Sonha em se tornar vidente e conversar com os espíritos desencarnados. O dirigente do grupo tem grandes esperanças em sua mediunidade e ele está empolgado, considerando-se um bom vidente. Hoje, ele estava a abrir e a fechar os olhos, treinando justamente a vidência. Como havia visto, pouco antes, sua fotografia estampada em seu primeiro livro, a imagem ficou projetada em sua mente. Ao se encontrarem, ele, como médium, sentiu você perto dele e logo aquela imagem apareceu. Então, apavorou-se e correu. O fato de dizer que viu um obsessor na sua pessoa é por culpa de muitos dirigentes de grupo que atemorizam os médiuns, dizendo-lhes que ninguém pode ver espírito bom quando está iniciando manifestações mediúnicas. E ele, como muitos, imaginou que só os maus se comunicam e se deixam ver. Não que você seja bom, amigo, mas está longe de ser obsessor — disse isso sorrindo. Veja só, Luiz Sérgio, como existe perigo na mediunidade: médiuns ampliadores veem um dedo e dizem que viram um braço. Quando os mentores nos dizem que precisamos urgentemente educar, disciplinar e, principalmente, evangelizar os médiuns, é para evitar que isso aconteça.

Senti-me melhor, mas o caso não deixou de ser desagradável.

— Enoque, e os óculos? Eu não preciso mais deles. Por que ele me achou gordinho também?

— Veja se faz regime, menino. Não lhe disse que ele tinha visto a sua foto? Nela você está de óculos. O Bezerra de Menezes até hoje está de barbas brancas e longas, e assim vários outros, até de cabelos postiços.

Despediu-se e saiu, ficando eu e Carlos, já descontraídos, a dar boas risadas, lembrando a corrida do irmão médium. O detalhe interessante é que ele me empurrava com as mãos cada vez que eu me aproximava querendo ajudá-lo.

— Sabe, Sérgio, um dia fui até minha casa. Uma das minhas irmãs chamava-me sempre e eu a atendi, embora alertado na colônia de que não deveria aproximar-me muito dela. Recebi permissão para chegar até em casa e fiquei muito feliz por isso. Ela se encontrava desesperada. Casos familiares. O marido, pensava ela, estava a traí-la. Orei junto dela e vi que ficou arrepiada. Continuei a orar, colocando minha mão no seu ombro. Sérgio, ela empalideceu quando pronunciei seu nome com muito carinho e, aí, gritou tanto que a vibração de sua voz quase me derrubou. Fiquei assustado e triste, pois só queria ajudar. Seus gritos a levaram a um estado próximo ao de choque. Vários amigos da Espiritualidade me ajudaram a recuperá-la, colaborando com o médico encarnado que foi chamado a atendê-la. Senti-me muito infeliz, sem entender aquela reação e, a pedido meu, os mentores afastaram-me da Terra. Não compreendia mais os encarnados, a cada dia ficavam mais complicados. Quando minha irmã melhorou, contou uma história que me magoou. Ela dizia que eu queria levá-la para a Pátria Espiritual por causa do seu sofrimento. Meu cunhado ficou revoltado contra o Espiritismo, pois dizia ela que eu lhe revelara um namoro sério dele com outra. E eu, veja só, Sérgio, ia dizer-lhe justamente o contrário, que ele a amava e que era um bom homem. Ao voltar para a colônia, parecia eu a figura da desilusão. Minha desobediência custou-me muito caro. Fora alertado para não me aproximar de minha irmã de uma vez. Para se ajudar alguém da família é necessário que se esteja em pleno equilíbrio, senão, ao invés do bem, faremos muito mal.

Ouvira sem interromper aquele médico amigo, sereno e disciplinado, ensinando-me a trabalhar com a razão, para encontrar a paz. Chorei baixinho e, não sei por quê, senti vontade de recostar a cabeça num colo de mulher que muito amo, minha mãe, mas logo me recompus, ao me lembrar de que Jesus me amparava. Dei graças a Deus por me encontrar ao lado de fiéis amigos que se esmeravam no meu aprendizado; eu não podia desapontá-los.

A noite se foi. Veio o novo dia. O Centro me chamava a atenção: música tocando baixinho, águas fluidificadas à espera dos sedentos, salão enfeitado de belas plantas.

Tudo simples, mas muito belo. Reunimo-nos para a oração. Não podemos iniciar o dia sem a proteção da prece. Karina chegou-se a mim e disse:

— Sérgio, nós dois somos os caçulas do grupo, mas nem sempre me recordo disso. E você?

— Karina, às vezes vem-me à lembrança as palavras do apóstolo Paulo: "Dos espíritos sei que sou um dos mais imperfeitos, mas dou graças a Deus por me encontrar onde estou". Vamos nós, Karina, demonstrar isso através do exemplo. Eles confiam em nós e nós confiamos neles!

— Como deve ser difícil para os encarnados compreenderem gestos tão nobres como os dos espíritos iluminados, convivendo junto aos menos evoluídos! — disse isso acariciando minhas mãos.

Carlos, que chegava naquele momento, ouviu suas palavras finais e completou:

— Nesse barco falta um dos mais imperfeitos, o doutor aqui — e bateu no peito.

Ainda ríamos da alegre intromissão do amigo, quando sentimos a aproximação de Samita.

— Como vão vocês? Luiz Sérgio, o que anda fazendo à noite? Virou fantasma?

Compreendi de pronto que fazia alusão ao ocorrido na noite anterior.

— Veja, querida, como me sinto desprotegido sem você!

Ela sorriu e, com os olhos brilhantes, começou a nos contar vários casos de doenças desconhecidas da Terra, que ela, Sadu e outros médicos daquela Casa e de outras estavam tentando curar. Esclareceu, ainda, que alguns males da Humanidade são provocados pelo excesso de alimentação e vida sedentária, com afetação dos nervos, e também da coluna, este, o mal do século.

— Estamos em trabalho aqui nesta Casa e em várias outras, procurando orientar os irmãos quanto à alimentação, principalmente a das crianças. Acompanha-nos Ísis, a pediatra que tem colaborado muito com nossa equipe. Temos observado em lares confortáveis crianças mal-alimentadas, incluindo menores de um ano de idade, pois desde que amanhece encontram nas balas, nos chicletes, nos doces, a substituição de uma refeição sadia.

Sadu, que a acompanhava, continuou:

— É a geração das lanchonetes. Encontramos jovens com o estômago dilatado e já envelhecido precocemente. Estamos falando isso com vocês para que entendam por que não os acompanhamos em todos os trabalhos. As Casas espíritas procuram aliviar os encarnados de suas dores, tentando esclarecê-los, mas elas são poucas proporcionalmente à população, e é pena. Temos ido, também, a casas menos favorecidas, onde um médico nunca entra. Escutamos dizerem: "é Deus quem olha pelos pobres". E é mesmo. Deus dá o remédio maior, ainda desconhecido de muitos: a água, porquanto é através dela que podemos aliviar muitas dores.

— Samita, você poderia nos dar todos os dias uma aula sobre o trabalho dos médicos na Crosta — disse eu.

— Como não? Então, fica acertado: quando não participarmos do trabalho aqui — olhava para Carlos e Sadu — narraremos nossas experiências, que devem ser de muito proveito para ambas as partes.

Samita — alta e bela, negra como uma pérola magnífica escondida nas profundezas de uma ostra, no fundo do mar misterioso dos mundos habitados — recebeu meu olhar de amor e respeito. O nosso Sadu, tibetano calado, Carlos, o bom Carlos, Sara, que há pouco tempo juntou-se a nós (mais tarde falarei dela), todos são criaturas muito amigas que encontrei quando voltei à Pátria-Mãe — o mundo espiritual. Junto a eles caminho, mesmo devagar, fazendo um enorme esforço para me tornar melhor, tentando segurar a mão do maior dos amigos — Jesus — na certeza de que um dia estaremos todos juntos, em um mundo sem adeus.

Capítulo 6

AS AVENTURAS DE MAG
INFLUÊNCIAS PARA O BEM E PARA O MAL

O grupo estava reunido, conversando, e o assunto me interessava sobremaneira.

— E hoje, aonde iremos? perguntou Sara. Aquela garota, que não pudemos ajudar ontem à noite, deixou-nos preocupados.

Enoque forneceu-nos as explicações de que precisávamos:

— Irmãos, hoje teremos um dia de muita emoção. O nosso garoto de ontem está sendo cuidado pelos pais como nunca foi desde o seu nascimento. A mãe, hoje, vai ficar sabendo do real estado do filho e dará valor à grande missão de rainha de um lar. Quanto à jovem, que conseguiu escapar do namorado que a convidava a entrar no mundo das sensações fictícias, colocamos, a noite toda, o seu velho avô a ajudá-la. Hoje, está mais calma. Convido um de vocês a dar uma chegadinha até lá para vê-la.

Sara olhou para mim e acrescentou:

— Vamos, Luiz?

Não pensei duas vezes. No mais, ficou combinado que nos encontraríamos depois, em determinado lugar onde, naquela noite, iria ocorrer uma verdadeira orgia.

Dissemos um "até logo" e saímos. Quando chegamos ao local onde sabíamos que a jovem se encontrava, tivemos uma surpresa: ela conversava com outras colegas contando o ocorrido e estava furiosa. No entanto, sua melhor amiga tomou a defesa do garotão, frisando:

— Sai dessa, Cris, caretice já era. Hoje, pegar droga é como perder a virgindade, coisa muito natural. Não estou te reconhecendo... tão inteligente e nessa de retardamento. O que aconteceu com a tua "cuca", antes tão aberta? Não me digas que escutou a ladainha dos velhos caretas da tua casa...

Cristina escutava sem pronunciar uma palavra. Sentia-se envergonhada de não ser compreendida pela "melhor amiga". As outras estavam caladas e devagarinho foram-se retirando. A que ficou pôs-se a contar suas aventuras, que davam muito bem para um livro de horror.

Escutávamos sem saber como agir. O caso era muito sério. Aproximei-me de Cristina e vi uma entidade vampiresca influenciando a outra garota para "fundir a cuca" de nossa protegida.

Nisso, a Sara, com seu aparelho, captou algo e ficou muito preocupada. Chamou-me e disse:

— Sérgio, o Tongo anda desesperado e como está agindo na Crosta!... Veja aqui!

Olhei o aparelho e percebi uma corrente de mentes perversas ligadas, como se fosse uma corda, cercando aquele local onde o colégio estava edificado. Sara não largava aquele aparelho — vamos dizer uma espécie de telescópio — que torna visível, a olho nu, os pontos minúsculos da mente humana ou desencarnada.

— Luiz, vem coisa...

— Mais coisa? Será que aguentamos?

Confesso que meu coração estava batendo forte. "Estamos em um lugar proibido — pensei — e agora, meu chapa, sai dessa". Procurei recordar tudo o que já aprendera, principalmente as lições sobre salvamento, porém devo admitir que estava apreensivo, não por mim, mas por Sara, que imaginava iniciante.

Enquanto isso, Cristina, atentamente, escutava maravilhada as aventuras da amiga, que não tinha mais que quinze anos, e de seus amigos. Bem perto, tentava eu transmitir todas as vibrações de amor que me era possível, mas nada notava de alteração.

Nisso, chegou junto a elas um jovem. Depois dos clássicos beijinhos, iniciaram uma conversa sobre as matérias dadas nas aulas daquele dia. As entidades do Tongo, entretanto, não desistiam de tentar atrair aquelas crianças para o mar tenebroso do ódio e da destruição.

Só aí prestei atenção no jovem que chegara. Sua aparência era a de um garotão moderno, mas sua aura refletia uma luminosidade só encontrada em espírito de escol. Esperava que falassem sobre droga, mas, que nada, o assunto era só estudos.

Passou por perto, nesse momento, uma turma puxando fumo e ele disse, olhando aquelas pobres crianças:

— Meu Deus, ajuda-os! Eles não sabem o que fazem.

Baixou a cabeça e orou em silêncio.

Cristina achou apenas curiosa aquela atitude, mas a outra soltou gostosa gargalhada, ajuntando:

— Corta essa, cara!

O jovem afagou a cabeça da garota e respondeu:

— Não, irmã, jamais sairei dessa, porque essa de que você fala é uma estrada cujas primeiras trilhas foram abertas por Jesus e de onde Ele, com as mãos bondosas, retirou os primeiros espinhos. Essa é a estrada que nos vai levar a Deus.

— Ah, não! Isso é demais para mim! Já me vou.

Ia retirar-se, quando pensei: "Sérgio, o que vieste fazer aqui? Só escutar conversa? Essa irmã é doente e, como tal, precisa de médico; e nós estamos no trabalho do maior dos médicos: Jesus. Vamos. Mãos à obra!"

Segurei a irmã pela cabeça e orei com todo fervor, pedindo, não, implorando a Deus, a Jesus, a Maria, a todos os grandes Espíritos para que ela escutasse aquele rapaz.

Consegui retê-la. O nosso garoto convidou-a para conversarem num lugar mais aprazível e elas aceitaram. Orientou-as, então, com palavras de sabedoria do Evangelho. Ele era um Espírito de grande missão na Terra. Nós só fizemos ajudá-lo com passes e intuições. As duas, agora, estavam deslumbradas. Ele lhes prometeu um livro muito importante: *Memórias de um suicida*(9). Gostaria de permanecer ali indefinidamente. O jovem me atraía, tão bem me sentia junto dele.

Cristina aproveitou o momento para desabafar, contando o ocorrido com ela, e, sem criticar o outro jovem, ele lhe fez ver como é degradante a mulher no mundo das drogas. Prostitui-se apenas para satisfazer o vício, não sendo respeitada por ninguém, além de desmoralizar a família e até destruí-la. E, depois..., como contrai dívidas para o futuro!

Só aguardávamos que Mag — vamos chamá-la assim — lhe contasse sua experiência com a droga. Com o auxílio de Sara, que usou um método diferente do usual, ela começou:

— Sabe, há pouco tempo puxo fumo. Não queria me ligar, mas a turma é legal demais e não vi mal algum. No princípio só fazíamos a "loló" e temos um amigo especialista nessa mistura. A erva, às vezes, não nos satisfaz. Tenho de confessar uma coisa: quando tudo passa fico arrependida, pois sei que, com a cabeça feita, faço qualquer coisa para me satisfazer.

9. Obra psicografada por Yvonne do Amaral Pereira, ed. FEB.

— Cara, o que me dói é quando chego em casa. Meus pais me adoram e minha mãe me tem como um bebê. Sou tratada com muito amor e o meu velho é um barato! Fico grilada quando escuto alguns caretas dizerem: "são filhos largados, sem orientação!..." Qual nada. Sempre tive de tudo. Entrei nessa para não ser desprezada pela turma. Se não topasse não tinha com quem sair. Eu estava gostando do Jorge e me entreguei. Só que depois de transar com ele fui abandonada. Mas — e levantou os ombros — nem liguei. Vieram outros e têm vindo muitos. Tenho aproveitado a vida...

Cristina estava com olhos fixos em Mag, apavorada com tudo o que ouvia. Já sabia que a amiga puxava fumo, entretanto, não imaginava que o caso fosse tão sério.

Quando Mag terminou o relato das suas experiências, Cristina segurou-lhe a mão com carinho e falou:

— Veja se você se livra disso, Mag. Vai acabar morrendo. Você é tão jovem, pode ainda ser amada. Até hoje, você só serviu para satisfazer os instintos de um grupo doente.

Eu falava e ela retransmitia. Mag começou a chorar baixinho e o nosso amigo prometeu auxiliá-la, levando-a a um Centro para tomar uns passes. Ela não acreditava muito na sua recuperação, mas nós, sim. Só esperávamos que a família não estragasse tudo, por achar que o Espiritismo é coisa de loucos.

Ficamos ali por mais algum tempo, vendo aquele irmão das lutas espirituais de ontem ajudando hoje a Espiritualidade. Senti-me feliz em saber que existem jovens numa boa, de cuca limpa, arejada e sadia, favorecendo o trabalho dos desencarnados na guerra contra o tóxico.

Os três se abraçaram e eu procurei observar agora o aparelho de Sara. Nele apareciam muitas entidades amigas protegendo aqueles três. Foi-nos também esclarecido que o nosso jovem no passado tinha sido um grande trabalhador na seara espiritista, voltando hoje para encaminhar os homens de amanhã. Fiquei realmente emocionado, pensando em quantas pessoas trabalham anonimamente, quando imaginamos, ao nos sentirmos desesperados, que o mundo está desprotegido diante de tanta maldade reinante.

— Será que a Cristina vai cair nessa, Sérgio? — perguntou-me Sara, enquanto guardava o aparelho.

— Não, com certeza — respondi.

— Por quê? Sabes alguma coisa mais? — disse isso com um olhar admirado.

— Aquele Espírito jovem não vai deixar o Tongo judiar das ovelhas de Jesus.

— Deus o ouça. Sérgio. Se pudéssemos permanecer aqui... alertar os jovens. Muitos deles estão em companhias cruéis, tentando levá-los à destruição. Como você explica tudo isso que está acontecendo na Terra?

— Irmã, atravessamos um tempo de grandes transições. É natural que tudo isso aconteça, para a Humanidade procurar novos rumos, educar-se.

Eu sentia que Sara possuía um passado nobre, porque existia nela um mistério. Às vezes, imaginava-a como sendo de outro Planeta.

— Sou mesmo, Luiz, das estrelas, só que não tenho brilho, por ser ainda um espírito cheio de imperfeições.

Rimos gostosamente e muito contentes íamos sair daquele colégio, quando ouvimos alguém num choro convulsivo, desesperado. Era uma velha senhora. Aproximamo-nos e falamos quase juntos:

— O que aconteceu, irmã?

Ela, como é óbvio, não nos escutou, mas percebemos que todo o seu salário tinha sido roubado. Era servente daquele estabelecimento. Como ia passar o mês? dizia ela. Além de tudo, estava com medo de comunicar o fato, pois imaginava que o dinheiro roubado ia ser aplicado na compra de fumo.

Olhei para Sara, esperando que usasse o aparelho. Ela fingiu não me compreender. Lembrando-me, então, que sou espírito desencarnado, procurei enxergar a cena e vi três jovens praticando o roubo.

"E agora, seu Sérgio, que fazer?" pensei.

Sara consolava a velha senhora, que tremia, com medo dos alunos rebeldes. Tinham deixado um bilhete, ameaçando-a.

Saí dali apressado, com vontade de aplicar um corretivo naquelas crianças que estavam a brincar com coisas sérias e com o sentimento dos outros. Tirar de alguém que ganha tão pouco, trabalhando para comer, quando eles tudo possuem? Infelizmente, nada os contenta.

Encontrei o chefe. O dinheiro estava intacto. Chegando junto dele me transferi, conseguindo como que me fundir ao seu perispírito, para sacudi-lo, através de vibrações boas, e assim poder ajudá-lo a tornar amoroso o seu coração. Ele disse aos colegas que o acompanhavam:

— Caras, estou zonzo, zonzo. Meu coração está batendo forte. Não sei o que tenho. Sinto vontade de chorar. Estou me sentindo podre, pensando por que fiz aquilo.

— Agora você!... Tem feito coisas piores e só porque tirou a grana da otária está tremendo.

Eu vibrava cada vez mais, colando-me à sua aura e ele se sentia mal mesmo. Levantou-se de um salto, correu e chegou perto da senhora, jogando o dinheiro.

— Dona Maria, alguém lhe mandou isso.

Quando me desprendi dele, comecei a raciocinar e a indagar-me se havia agido corretamente.

— Que fizeste, Sérgio? inquiriu-me Sara.

Contei-lhe.

— Isso é muito perigoso e não sei se o caso requeria tal medida. Deus queira que não tenha agido impulsivamente.

— Não sei, não, Sara. Só sei que a servente não vai passar fome por causa da brincadeira daquelas crianças.

A pobre mulher, já com o dinheiro, pensava em comprar um maço de velas para pagar as promessas e jogava beijos para o ar, agradecida. Afaguei aqueles cabelos grisalhos com muito carinho e ela delicadamente acariciou-me sem o saber.

Dali fomos para o Centro. Lá chegando, dirigi-me ao salão, que estava vazio, e fiquei a orar, pedindo perdão a Deus se agi apressadamente; vi entrar sozinho alguém que me ajudou muito nas minhas primeiras aulas, alguém de minha família. Corri para ele, abraçando-o.

— Como vai, querido?

— Vovô, não ando muito bem. Minha pressa às vezes me atrapalha. Hoje fiz algo que acho não foi muito correto e só podemos fazê-lo quando não vemos solução mais fácil. É como pular de paraquedas sem necessidade, apenas com medo do painel do avião dizendo: não fume.

Ele sorriu e me disse:

— Hoje estou também na Crosta para trabalhar em outro Centro. Vim aqui para vê-lo e estou contente por encontrá-lo bem integrado nesta boa equipe de obreiros. Agora, filho, lembre-se sempre que ajudar, muitas vezes, não é como pensamos. Precisamos colocar a razão à frente de tudo e de todos. Você é um garoto muito amoroso, mas esforce-se para ser amoroso equilibradamente.

Beijei-lhe as mãos e agradeci a Deus pelo grande amigo que me outorgou. Ainda conversamos muito sobre casos da família e senti que nada o preocupava; no momento, a grande preocupação se chamava: Luiz Sérgio. Sempre sorrindo, explicou:

— Eles estão vestidos com a roupa carnal e muitas coisas lhes são perdoadas pela cadeia do momento. Mas nós, os espíritos libertos, só erramos por indisciplina e devemos tomar muito cuidado.

Não queria separar-me dele, mas era necessário.

— Agora, ver-nos-emos mais frequentemente. Estou aqui perto.

Abraçamo-nos carinhosamente e ele se retirou, belo e querido.

E assim, fiquei a orar, lembrando-me de tia Ernestina(10), que há muito não via, desde os meus primeiros dias na Pátria Espiritual.

---

10. Tia Ernestina — irmã de sua avó materna e mãe de Alayde A. Silva, médium psicógrafa do 1.° e 2.° volumes da Série Luiz Sérgio: *O mundo que eu encontrei* e *Novas mensagens*.

Capítulo 7

O PLANTIO É LIVRE, MAS A COLHEITA, OBRIGATÓRIA
FESTA DA PERDIÇÃO

Só percebi que Enoque estava ao meu lado quando perguntou:

— Garoto durão! Como foram as aventuras nas florestas bravias? — e foi sentando em frente a mim, em posição de lótus, esperando que eu lhe respondesse.

Fitei o nosso amigo oriental com carinho e fui narrando o acontecido: minha apreensão ao ver aquela pobre senhora ser lesada por garotos fúteis e abastados, só por desejarem brincadeiras mais fortes.

— E por que não usou a ligação das mentes? Para tal não precisamos forçar ninguém.

— Reconheço que na hora me esqueci. Sei que errei, peço desculpas.

— Luiz, os espíritos como nós, que se propõem a ajudar o próximo, devem fazer de tudo para respeitá-lo. Os encargos que nós recebemos não nos dão o direito de intervir no livre-arbítrio de ninguém. Quando isso tentar ocorrer com você, ligue-se com o Alto e peça auxílio. Nós somos trabalhadores do Senhor. Ele sempre socorre sem se envolver e é o que devemos fazer também.

— Enoque, e os outros espíritos que trabalham para os encarnados, tudo fazendo por eles? Isso é certo?

— Um jardim é composto de várias qualidades de plantas. Todas elas foram criadas por Deus. Umas em sua plenitude, outras apenas germinando, mas, mesmo assim, o jardim é belo. Não devemos ficar indagando por que Deus permite que a urtiga cresça junto a outras plantas e os insetos caminhem sobre as flores. Irmão, não podemos desejar que no jardim apenas desabrochem belas flores nem desprezar os insetos, porque também são úteis. Se alguns espíritos desejam ajudar os encarnados, esquecidos do livre arbítrio, nós devemos respeitá-los, pois necessário se faz que eles assim ajam. Mas apiedemo-nos dos que abusam e não respeitam um espírito, seja encarnado ou desencarnado! As dívidas serão aumentadas, e como! O plantio é livre, mas a colheita desses irmãos será mais que obrigatória e, como diz o Evangelho, "sentirão o ranger de dentes", pois a consciência irá acusá-los de, um dia, terem encontrado a fonte cristalina do Espírito e, por comodismo, não sabendo saciar a sede nas águas da Verdade, afundarem-se em práticas estranhas.

De um salto, levantou-se, mudando de assunto:

— Vamos hoje a um lugar que necessitamos ver, para dar graças a Deus por termos chegado onde estamos.

Retirou-se e eu permaneci onde estava, a orar. Íamos depois descansar, mas o nosso amigo havia dito que precisávamos sair e ordem é ordem, mesmo quando nos é transmitida com palavras suaves e amorosas.

Carlos entrou de mansinho, sem querer perturbar-me. Senti vontade de abraçá-lo pelas lições de bondade e de equilíbrio que me oferece. Ele representa muito em minha vida. Disse-lhe:

— Obrigado, amigão, por me ter como companheiro.

— Sérgio, Jesus, ao vir à Terra, nos deixou a grande lição de humildade ao dizer aos filhos de José que O procuravam: "Quem são meus irmãos, quem é minha mãe?" Ele quis nos ofertar a bandeira da fraternidade dizendo que irmãos são aqueles que se respeitam e se amam; que nós só vamos dar valor a Deus no dia em que nossos corações estiverem unidos em uma só harmonia: a fraternidade. Tenho grande afeto por você também, companheiro.

Muito emocionados, dali nos retiramos, abraçados, encontrando Samita à porta do Centro, acompanhada do Sadu.

— Os quatro mosqueteiros voltarão a atacar, brincou Sadu. Temos um grande trabalho hoje. Enoque vai nos levar a uma casa. Não sabemos ainda onde fica, mas pelo preparo dos aparelhos podemos imaginar que vai ser "quente".

Pensei em Karina, Sara e Enoque, mas Samita leu meus pensamentos:

— Frade, somos os quatro mosqueteiros e não os sete.

— Mosqueteiros ou fofoqueiros? indagou Carlos a rir.

Fomos andando, nos divertindo, quando deparamos com Enoque no jardim a conversar com um jovem. Estava bem alegre, pois ria expondo os alvos dentes — o Espírito que não envelhece, a eterna criança, que se apresenta como um jovem oriental de dezenove anos, mas, nas horas de testemunho, possui uma experiência de trezentos anos — aproximou-se de nós e falou em tom jocoso:

— Onde vou ficar? Sou o quinto fofoqueiro e não posso afastar-me da brincadeira.

Diante de tanta jovialidade, que servia para nos relaxar, pressentimos que o trabalho ia ser sério e iria requerer de todos uma grande dose de paciência e dedicação. Depois, ficamos em silêncio e Enoque fez a prece:

Senhor Jesus, Mestre de Bondade, flor que desabrochou no lar de Maria, fazendo-se criança frágil e necessitada de carinho de mãe para haurir forças, a fim de auxiliar a Humanidade faminta de amor. Querido Jesus, hoje ainda encontramos na Terra flores sem perfume, mas espíritos necessitados de Tua proteção. Amado Mestre, esperamos de Ti que nos perdoes os erros de ontem, permitindo que consigamos evitar que os vícios destruam a juventude e a família. Mestre, aqui nos encontramos, espíritos carentes, oferecendo nossas mãos para arar a Tua Seara, fazendo nela o que nos ensinaste através do exemplo de amor a Deus e a todos nós, quando levantaste paralíticos, quando deste luz aos cegos, quando ajudaste os coxos e estropiados. Hoje, Jesus, pedimos-Te: dá-nos forças para o trabalho e que este se multiplique em muitos outros pelo exemplo que demonstraremos como Teus seguidores. Assim seja.

Finda a prece, notamos que seus olhos estavam marejados de lágrimas.

Saindo dali, chegamos a um local retirado da cidade, onde a música alucinante fazia mal aos ouvidos. Minha surpresa foi tão grande que arregalei os olhos procurando convencer-me de que não estava no Umbral da Espiritualidade, só percebendo que era a Crosta pelas entidades coladas aos jovens encarnados, aspirando, junto a eles, as mais estranhas misturas. Precisei fazer força para não me desequilibrar. Ali era o inferno mesmo. Jovens meninas, com fisionomias de bebês, exploradas em excesso pelo uso dos tóxicos. Irmãos, ninguém poderá imaginar uma cena dessas, apenas aqueles que já a presenciaram. Desprezando o aconchego de seus lares, ali se encontravam eles, expostos ao vento e ao frio, completamente despidos, em verdadeira orgia — o inferno da droga!

Estava atônito. Logo chegaram os aparelhos e, do Alto, desceu uma massa fluídica que os isolou imediatamente daquela pesada atmosfera. Foi criado ali um minilaboratório, ou melhor, pronto-socorro. Sadu e os outros médicos iniciaram o trabalho de assistência e de fabricação de remédios. Aqueles aparelhos moderníssimos, que no futuro serão trazidos para a Terra como grandes descobertas científicas, estavam em funcionamento ali na mata. Várias injeções foram preparadas por Samita que as indicou para mim e Enoque, esclarecendo:

— Vão aplicando naqueles que se encontram em pior estado. Alguns deles, com mais uma dose de tóxico, desencarnarão e Deus deseja que todos sejam salvos.

Muitos jovens jaziam no chão como verdadeiros trapos humanos. Os falsos amigos abandonam os fracos, como eles os chamam, sem dar atenção ao estado em que se encontram.

Cheguei-me a um para ministrar-lhe o remédio. Estava babando, a língua crescida. Segurei seu pulso e constatei que já estava muito mal. Quando pensei em chamar Samita, ela já se encontrava junto a mim. Conseguimos fazê-lo deitar-se. Sua aparência indicava não ter mais de dezesseis anos. Começou a roncar. Samita massageou-lhe o coração, tirou do bolso uma pequena pílula e a introduziu sob a língua do menino, que, mesmo assim, piorava.

Sentia-me penalizado, imaginando a dor que atingiria seus pais se soubessem que o filho estava prestes a desencarnar por excesso de drogas! Procurei-os mentalmente, indo até a sua casa. O casal dormia, cansado dos trabalhos do dia. Nem em sonho poderia supor onde se encontrava o filho, e em que estado!

Munido de estranha força, apliquei a operação boca-a-boca, como fazem nos salvamentos de afogados e, com muita devoção, liguei-me a Jesus, enquanto Samita transferia fluidos segurando as palmas de suas mãos.

Com muito esforço, ele foi voltando a si, pálido, tonto. Levantou-se. Nós o amparamos, levando-o aonde ele desejava ir. Chegou perto de um companheiro, que também estava doidão, pedindo ajuda para voltar à sua casa, mas o outro vociferou:

— Seu maricas, não aguenta mesmo nada, hem? Toma mais esta, é da pesada. Oferta da casa...

Fiquei gelado. Meu coração se apertou e pensei "é agora que o garoto desencarna!" Sua pulsação estava fraquíssima e se ingerisse outra dose não haveria como salvá-lo.

Nesse momento, percebi uma luz na testa do menino e ele, como um autômato, dirigiu-se a um carro que se encontrava aberto. Atirou-se no assento, procurando repousar, dando-nos a oportunidade de atendê-lo melhor.

Assim, passamos quase a noite toda.

Às quatro horas da manhã, eles começaram a se retirar, cada um levando consigo um desencarnado, viciado como eles. Existem os "canecos vivos" que se embriagam sustentando os desencarnados, e esses irmãozinhos insaciáveis sustentam não só os viciados em álcool, como também em tóxico.

Não conseguia divisar Enoque. Onde se havia metido ele? Nisso, Sadu nos chamou, pois, um pouco afastado dali, alguém gritava desesperadamente. Correndo de um lado para outro, uma jovem escondia-se de árvore em árvore. Nós unimos as mãos em oração sentida para ver se conseguíamos salvá-la, porque dez rapazes endoidecidos estavam procurando praticar uma "curra". Acompanhava-os uma legião de espíritos vampirescos! A garota gritava, mas ninguém a escutava. A música alucinante encobria-lhe a voz.

Samita e Sadu trocaram rápidas impressões e logo unimos nossas forças para tirar a jovem daquela situação deprimente. Quase nos materializamos! Os dez saíram correndo apavorados, pois chegamos a nos tornar visíveis. Só assim a soltaram. Os obsessores também fugiram, sabendo que os missionários de Jesus estavam ali para ajudar.

A mocinha, com o susto, desmaiara e estava sendo atendida pelos nossos médicos. Tínhamos de procurar algum jovem de bons instintos para cuidar dela. Ouvíamos, depois, contarem aos outros que os "marcianos" chegaram e salvaram a garota, no que não eram levados a sério pelos amigos. Pensavam que já se achavam doidos demais e riam zombando deles.

Enoque, já presente, nos propôs:

— Vamos pregar-lhes agora mais uma peça que talvez lhes sirva de lição! e, aproximando-se da turma, falou para ser ouvido:

"— Jesus volta à Terra para tirar a juventude do erro!"

Ao darmos conta, estavam todos correndo, gritando, apavorados. Um deles conseguiu articular a voz, arfando:

— Nunca mais me drogo. Que alucinação besta essa! As outras são mansas, agora, com Jesus, a barra é pesada para se aguentar!

Ninguém mais queria ficar sozinho. Procuramos tirar da mente deles tudo o que presenciaram. Enoque nos sugeriu:

— Vamos deixar uma pequena lembrança e muitos deles jamais voltarão a drogar-se, como o fizeram hoje.

Seguindo à nossa frente, firmava a mente, junto a cada um. Os jovens comentavam:

— Virgem, que arrepio estou sentindo!

— Não me encontro nada bem. Vamos embora!

— Vou para casa descansar.

— Chega de farra!

Daí a pouco, nem sombra deles. Quase todos haviam sumido.

Fiquei pensando quantas vezes, na carne, ao sabermos que alguém foi salvo de algum perigo, dizemos: "salvou-se por milagre..." e o milagre naquela noite acontecera através dos trabalhadores da falange franciscana dos Irmãos Descalços.

Voltamos para olhar os outros que haviam ficado. Tudo chegava ao fim, muitos acordando da "viagem". A garota que havíamos socorrido procurou a companhia que a trouxera e sentia uma revolta interior. Notamos que uma jovem senhora desencarnada a amparava e soubemos que era sua mãe.

Podíamos ficar despreocupados com ela, pois estava, agora, em boa companhia.

Terminara a festa da droga. Olhamos os homens e as mulheres de amanhã, os responsáveis pela educação da família e pelo progresso da Pátria. Fitamos o Alto, esperando uma resposta: tivemos a certeza de que a geração do Terceiro Milênio será sadia e feliz. Pensei na Doutrina Espírita, que elucida os jovens, orientando-os, levando-os ao trabalho em prol do seu semelhante, enquanto via os garotos retardatários retirando-se e o nosso pequeno posto de socorro também. Samita completou meu pensamento.

— Sérgio, não podemos culpá-los. São bons meninos, apenas vivem uma liberdade que não sabem usar. Os pais acham que o melhor para os filhos é o conforto e se esforçam nesse sentido. Nada necessitando conquistar, essas crianças acham a vida monótona, afundando-se, então, em aventuras.

— Nesse caso, Samita, e os pobres? Por que alguns ficam sem comer para comprar "baseado"?

— Os jovens pobres sonham em igualar-se aos mais abastados. É assim que pensam ser respeitados e tratados como iguais. É autoafirmação. Pedimos a Deus que tudo venha a se acalmar para o bem de todos nós.

Só nos retiramos quando o dono daquele lugar saiu, não sem antes fazer desaparecer alguns objetos utilizados, testemunhas das tristes cenas.

Chegamos de volta ao Centro. Nunca desejei tanto esquecer o que havia presenciado. O Tongo mantém na Crosta uma filial à altura do "vale dos picos" existente na espiritualidade: um inferno terrível, comandado por mentes pervertidas e gananciosas.

Passamos pelo auditório e nos reunimos para orar. Era pelo que o nosso espírito mais ansiava. Fui o escolhido para proferir a prece e, assim, fiz a rogativa:

"Deus, Pai de Bondade, perdoai-lhes, eles não sabem o que fazem", pediu Jesus há quase dois mil anos e até hoje não sabemos que os atos errados nos ferem e nos destroem. Quando à Terra veio, Jesus ensinou a cada um de nós o respeito para com o próximo e isso só iremos entender quando soubermos respeitar a nós mesmos.

Pai, Jesus também disse que nem tudo poderia ser dito e que o Consolador viria tudo esclarecer, pois mais adultos nos encontraria.

Hoje, Senhor, recordamos a parábola de Jesus. Ele nos disse que o mal é o que sai pela boca e não o que entra. Não compreendendo essas palavras, muitos envenenam o corpo carnal.

Senhor, meu Deus, perdoai-lhes pela blasfêmia. Jesus quis Se referir aos alimentos e às palavras. Jamais o Mestre nos aconselhou a ingerir venenos que mutilam o corpo fluídico e retardam nossa evolução. Ele quis nos dizer que o que entra pela boca só faz mal a nós mesmos; que o veneno nos torna suicidas e o suicida geme e chora no vale das sombras. O que sai da boca faz mal ao próximo, pois se o nosso corpo celeste se encontra repleto de impurezas, como poderemos oferecer algo de útil aos semelhantes?

Ajudai-nos, Pai de Bondade, fazendo-nos entender as parábolas do Mestre Jesus, o Professor-Maior, que veio à Terra nos ensinar o amor.

Após a prece, os nossos amigos, orando baixinho, foram-se retirando, um a um, ficando o Carlos e eu, a conversar e analisar o ocorrido.

— Carlos, estou pasmado com o que vimos. A inocência está acabando! Como os jovens estão usando mal a vida! O que é isso, meu Deus?

— Sérgio, o problema é tão sério que a Colônia dos Miosótis, ontem apenas um posto de primeiros-socorros, hoje é um dos maiores hospitais-escolas com cientistas de outros Planos, procurando diminuir o alastramento do veneno. Às vezes, choro de tristeza por constatar o atrofiamento das células em um dependente do tóxico. Quantas vezes, durante o sono deles, unimo-nos para tentar socorrê-los, mas eles fogem, não desejando a cura. As famílias ainda não despertaram para o perigo em que vivem os filhos, jovens, crianças que para poderem conquistar o respeito dos colegas entram nesse lodaçal e se afundam cada vez mais. Antes de nos encontrarmos para esse trabalho, fizemos um curso de primeiros-socorros em um dos maiores centros científicos da Espiritualidade. Como médicos, precisávamos usar o veneno para melhor saber debelá-lo e com ele fizemos várias pesquisas. Notamos que os doentes dependentes sentem vontade de largá-lo, mas poucos o conseguem, porque a droga destrói o equilíbrio, afetando o sistema nervoso. Todas as vezes que o viciado faz menção de largar o vício o organismo se rebela contra ele. É um círculo vicioso, de difícil compreensão. Só a fé pode salvar. Fortalecendo-se, através da prece, o dependente encontra coragem para lutar contra as mentes desencarnadas que sempre comandam qualquer vício, desde a simples maledicência. Esse trabalho é muito bonito: para poder executá-lo é necessário que se possua uma conduta exemplar. Temos que nos encontrar sempre de coração puro e munidos de grande força de vontade para não desistir nas horas em que vamos presenciando as dores e o desespero.

Escutara com todo o respeito as palavras do jovem e querido médico. Notei que o desabafo estava carregado de uma grande tristeza e que não só eu ficara chocado com as cenas da noite que passara. Ninguém melhor do que ele para saber, como médico, o demônio que vem a ser a droga.

— Sérgio, vamos descansar — convidou-me.

E, abraçados, caminhamos para o alojamento.

Capítulo 8

REAÇÃO DA DROGA NO ORGANISMO HUMANO A IMPORTÂNCIA DE UM LAR COM CRISTO

Pela manhã, Enoque não apareceu. Sadu e Samita examinavam alguns fragmentos encontrados na festa e conversavam, preocupados. Estava curioso, pressentindo algo de estranho no ar. Nossa bela africana chamou-me:

— Frade, veja como o Tongo trabalha, a moçada só pode estar sendo ajudada por mentes perversas: olhe só a mistura! Nenhum manipulador competente encontraria fórmulas tão alucinatórias, tiradas da própria Natureza. Como são crianças ainda, se não fossem auxiliadas pelo astral inferior, não seria possível tal descoberta.

Eu só vira os jovens cheirando, porém não compreendera o perigo iminente da mistura, por não identificar a composição.

Samita projetou "slides" da festa e apareceram alguns jovens que tinham sido escolhidos para serem radiografados com a finalidade de procederem a uma avaliação da droga em todo o organismo deles. Aí, chamaram não só o Carlos mas outros médicos que se achavam em trabalho na Crosta. A coisa era séria mesmo! Agora a projeção vinha, não do aparelho de Samita, mas de planos mais elevados, enviada pelos grandes médicos da Espiritualidade.

Gostaria de poder relatar esta aula minuciosamente, tal a sua importância, mas tentarei reproduzi-la com a maior precisão de que sou capaz.

Lembram-se da luz que foi projetada na testa daquele garoto que ajudamos? Ela era refletida por um pequeno aparelho, que ali fora colocado para radiografar os efeitos trazidos ao corpo pela nova mistura que o jovem estava experimentando, além do "baseado" que era consumido como um cigarro comum. Apareceu toda a reação provocada pela droga no organismo humano. O filme interessaria aos médicos encarnados e eles teriam surpresas fantásticas. Presenciávamos a destruição das células do corpo humano, enquanto que as defesas do organismo lutavam desesperadamente contra o veneno. Era uma cena terrível! Víamos agora, nitidamente, o terror se apossando do jovem, refletido pelos olhos alucinados. Ao mesmo tempo que se contorcia, babava, e o suor caía em grandes proporções.

Virei-me para o Sadu e exclamei:

— Isso é divertimento?! É antes um pesadelo de terror!

Sadu me respondeu.

— Para você ver como há gosto para tudo.

— Quanto tempo esse jovem aguenta na terra?

— Só ontem foram lesadas várias partes do cérebro e de outros campos nervosos. Não chegará aos trinta anos, isso a Medicina garante, amigo.

— E vai ter lugar para todos esses suicidas na Espiritualidade? Acho que os amigos espirituais vão ter de aumentar o vale dos suicidas! A Humanidade caminha para ele a cada passo!...

— Só poderia vir de você esta piada, disse rindo o querido tibetano.

— Sadu, em caso de um tratamento nesses jovens, como poderemos fazer reviver essas partes atrofiadas? inquiriu Carlos.

— Boa pergunta, Carlos. É o que estamos a pesquisar. Temos de encontrar um meio de salvá-los em hospitais capacitados, tirando-os da dependência, fazendo-os voltar ao normal sem qualquer lesão.

Continuava olhando deslumbrado a briga dos venenos com as células sadias do corpo humano e agradeci a Deus por eu ter cuidado do meu, não tão bem como deveria, mas não chegando a trucidá-lo.

— Samita, essa turma não acredita na morte? O que pensam do espírito? Será que imaginam que, morrendo o corpo, tudo acabou?

Sara, que nos ouvia em silêncio, olhou para Samita e esta compreendeu. Após a sessão científica, ia ser projetado outro filme, pois recebemos ordem para continuar pesquisando. Eles tinham notado um ponto nevrálgico no jovem, por onde entidades abasteciam seus instintos doentios e se saciavam com as emanações da droga. O garoto era um prato onde quase toda a comida era aproveitada por muitos. O laboratório espiritual, nessa altura, ampliou o filme e vimos, em tamanho maior, uma cena que nos deixou prostrados: vampiros inalavam as forças vitais do rapaz para reter as toxinas que aquele corpo havia armazenado. Compreendemos, nesse momento, por que o viciado torna-se insaciável, sempre achando pequenas as doses e cada vez as aumentando mais: é que cada viciado sustenta uma legião!

Víamos, apavorados, as sugações. Nossos corações estavam inundados de tristeza. Unimo-nos em prece para que Jesus, o Médico dos médicos, cure todos os espíritos doentes, encarnados ou desencarnados.

Sara levantou-se e orou com muito sentimento:

Jesus, grande Amigo das crianças, ampara todos nós. Faze Senhor, com que os nossos corações se abram para receber das Tuas sacrossantas mãos o remédio que desejamos para cicatrizar as feridas que se abrem em cada corpo, porque muitos ainda não Te conhecem. Ajuda-nos no esquecimento das nossas necessidades, mas não permitas, Jesus, que deixemos alguém sofrer ao nosso lado por não encontrarmos meios de auxiliá-lo.

Senhor, precisaste de um lar para dar os primeiros passos neste Planeta e encontraste em Maria a força que Te sustentou nas horas das dores e das alegrias. Faze, Jesus, que todas as crianças encontrem no lar o apoio, o amor e a Tua presença. Que todas as mães de família se unam pela oração, esquecidas da vaidade e do ouro, mas, sim, conscientes de que hoje a juventude necessita de um amor imenso para se salvar.

Ajuda, Jesus, todos os pais a saírem da inércia. Que eles possam olhar em redor e encontrar os filhos ainda puros, necessitando de proteção para não resvalarem no abismo da droga. E aqueles pais a quem a dor, o desespero e a tristeza fazem companhia diária, sejam despertados para a oração. Perceberão, enfim, que nunca estão sozinhos, que toda a Espiritualidade luta pela paz das famílias.

Ó Jesus, aqui tens as nossas mãos. Elas estão todas oferecidas a Ti. Faze com que elas sejam o amparo e o remédio para aqueles que, esquecidos das Tuas mãos, mutilados se encontram diante da dependência dos vícios.

Jesus, que cada Espírito se transforme em uma centelha de luz clareando todas as consciências. Assim seja.

A prece de Sara nos comoveu. Ficamos em silêncio alguns minutos, com os nossos olhos rasos de lágrimas. Momentos após, já recompostos, Sadu murmurou:

— Sérgio, tudo tem um final e estas cenas que hoje se passam ao vivo no Planeta logo terminarão. As águas tranquilas do Evangelho irão preencher todos os lugares que se encontram vazios das palavras do Cristo. A Terra está esquecendo o Salvador. Religião hoje é considerada "caretice", como dizem, mas aqueles que desde cedo colocam nas mãos dos filhos o Evangelho jamais terão esses dissabores. As famílias têm de se conscientizar de que só podem ser salvas levantando trincheiras de amor onde nenhuma bala inimiga possa penetrar. Nos lares onde todos oram juntos, onde os filhos são educados na doutrina do Cristo, as mães não choram pela infelicidade de ter um dependente do vício em casa.

— Tem razão. Mas eles também não têm culpa se são orientados a compreenderem as religiões apenas como um culto aos domingos e não uma profissão de fé inabalável em Deus, no Seu poder e na Sua bondade. Se todas as crianças, desde cedo, receberem educação evangélica, não presa à letra, mas exemplificada com atos de amor e caridade, irão valorizar aquilo que possuem e desejar aliviar as dores dos que sofrem, não lhes sobrando tempo para destruir, principalmente a si próprias. Irão compreender que Jesus esteve na Terra para construir o Reino de Deus.

E continuei:

— Hoje, graças à Doutrina Espírita, há o culto cristão nos lares. Mesmo assim, quantos espíritas não o fazem e se o fazem nem sempre contam com a presença dos filhos. Muitas vezes, constatamos que alguns espíritas lutam contra o desinteresse da família, que não deseja servir, porque o trabalho pede renúncia. E vemos também espíritas esquecidos de cultivar o amor em família e esta caminha sozinha, sem orientação evangélica. Muitos dizem que garantem às suas famílias o livre-arbítrio, dando a entender, com isso, que livre-arbítrio é o subterfúgio que usam para não enfrentar a realidade.

Todos me ouviram quietos. Samita quebrou o silêncio para assinalar:

— É isso mesmo. Abordaste o problema que o mundo vive no momento: a falta de compreensão e de atenção às palavras do Cristo.

Calamo-nos. Nesse instante ia ser projetado o filme que Sara pedira à Samita.

Vimos na tela uma jovem da pesada chegando a sua confortável casa. Os pais dormiam e ela, completamente drogada, procurou o quarto. Sem nem mesmo orar, encontrou o sono.

Nenhum movimento espiritual naquele ambiente: a religião para aquela família era como um rótulo e só para dizer "nós somos de tal religião", sem maiores comprometimentos. Os filhos, crescendo nesse ambiente sem Deus, sem Jesus, logo encontram as trevas para os guiar.

Assistimos ao desenrolar de muitas cenas passadas em família e em outros locais, vendo a jovem nos seus passeios, deixando-me paralisado diante de quadros de perversão ocorridos sob os efeitos da droga.

Ao terminar a projeção, o aparelho foi desligado e Sara o guardou. Pensei: "esta Sara deve ser uma das grandes. Esta menina está sempre atenta ou com um aparelho na mão. Deve saber de muita coisa nova. Quem será ela?... Sara..., nome bíblico... onde será que nasceu?"

Ela bateu carinhosamente no meu ombro e disse:

— Quando você desejar, contarei minha vida. Só que, então, devemos estar passeando em um lugar para o qual você vai me convidar. Iremos em um período de descanso.

Sorri, pois às vezes me esqueço de que os Espíritos podem ler pensamentos. Os outros também perceberam e acabamos rindo juntos.

Os mentores haviam dado a Samita um endereço. Sadu e Carlos aproveitaram para fazer as necessárias anotações.

Nisso, entra o jovem amigo oriental, cantando, alegre.

— Onde estavas? Doente? perguntaram todos.

— Trabalhos, trabalhos...

— Desde quando "paquera" vem a ser trabalho? disse Sara.

— Olha que a menina está ficando uma "brasa", até já está adivinhando! Encontrava-me, sim, "paquerando", não o que todos estão pensando, mas uma comunidade que nos pode ajudar realmente. Ela se reúne todas as semanas para orar pelos jovens. Quantas vezes necessitamos de forças e temos de nos valer da Espiritualidade, quando poderíamos aqui mesmo, na Crosta, encontrar esses recursos. Mas, raramente, descobrimos alguém preocupado com os jovens doentes. As famílias temem a droga, assim como muitos ainda temem a lepra. Nem gostam de falar dela, esquecidos de que, em muitos lares, ou já existiu um viciado, ou abriga um. Se todas as famílias se unissem na oração, o nosso trabalho seria mais fácil. Tenho vontade de gritar bem alto, pedir aos que fazem o Culto nos lares que dediquem um minuto apenas de prece aos nossos trabalhos. Era isso o que eu fazia hoje o tempo todo. Pedia ajuda em todos os templos religiosos, para que orem pela felicidade de todos os lares, respeitando as palavras do Cristo, que é o de que mais necessitamos. E fiquei contente ao encontrar um recanto de amor que prometeu auxiliar-nos, orando para que tenhamos forças neste nosso simples mas amado trabalho, de mãos unidas com Cristo, para Cristo e ao encontro do Cristo.

Capítulo 9

A TUTORA TERRÍVEL
TRATAMENTO PROVIDENCIAL

Ficara deveras impressionado com os amigos da Espiritualidade Maior. Nós, aqui na Crosta, não havíamos percebido os pontos negros no garoto através dos quais ele era vampirizado. No entanto, para aquelas entidades, este fato não passara despercebido.

— Que organização, hem, Samita? falei.

— Graças a Deus temos irmãos que tão bem usam a inteligência — respondeu, sorrindo.

Observava Samita, tão jovem, a manipular todos aqueles aparelhos. Recordei que quando a conheci, no início dos nossos trabalhos, considerava-a apenas uma auxiliar, assim como eu. Mas, com o decorrer do tempo, concluí que é possuidora de grandes conhecimentos, principalmente ao lidar com aqueles estranhos instrumentos.

Fomos convidados pelos nossos amigos daquele Centro para irmos ao salão de conferências. O silêncio normalmente reinante naquele lugar tornava-o uma câmara de refazimento. Sentado, fiquei escutando os meus amigos trocarem ideias, com o maior respeito, quase num sussurro. Nem me mexia para não quebrar a harmonia do ambiente. Naquele instante, agradeci a Deus todas as minhas vidas.

Enoque, como mencionara, havia encontrado um recanto de oração, composto de pessoas idôneas com grande vontade de servir, para nos ajudar. Os encarnados nem imaginam o que representam as preces feitas em uníssono com o Pai. E isso só conseguimos fazer quando estamos desejosos da nossa reforma íntima.

— Amigos — disse Enoque, dando ao mesmo tempo um salto à nossa frente — vamos ao trabalho. Hoje temos de nos aproximar daquele menino que viram no filme. Nem chegou aos dezoito anos e caminha a passos largos para o suicídio. O cérebro já se encontra quase adormecido, resultando disso a dificuldade que tem de concatenar ideias, usar as palavras, falar e compreender, retardando-o nos estudos. Samita está com o endereço. Vamos até lá. Porém, companheiros, não nos iludamos. Encontraremos alguns que já se comprometeram por demais com as trevas e devemos estar preparados se não obtivermos êxito.

Jamais poderia imaginar, quando na Terra, uma caravana só de jovens desencarnados desejando salvar jovens.

Saímos, cantando o hino da colônia. O nosso amigo, como sempre, era o mais animado e feliz. Quando Deus foi repartir alegria e vivacidade, Enoque se pôs à frente. E como as recebeu!

Enquanto nos dirigíamos ao nosso destino, deliciávamo-nos com as piadas e passagens interessantes da vida dos jovens, transmitidas por Enoque. Ele nos colocava a par dos mínimos acontecimentos terráqueos e até das gírias. Mostrava-se, aliás, muito bem informado.

Chegamos. O chefe da casa já havia saído para trabalhar e a mãe, com uma leve indisposição, ainda não se levantara. Tivera um sonho estranho — pensava ela. Lembrava-se de algo terrível. Tinha a impressão de que alguém lhe advertira que estaria o filho sendo dominado por drogas (fora levada durante o sono para receber orientação sobre o estado dele).

Karina não nos havia acompanhado e quase caí de surpresa ao vê-la sair do quarto da jovem senhora. Aproximou-se, rindo para nós, explicando:

— Já me encontro aqui há dias, preparando o ambiente para vocês.

Olhei curiosamente ao redor. Tudo muito limpo e decorado com muito gosto. Só algumas pontas de cigarro nos cinzeiros destoavam naquele ambiente. Pela quantidade de garrafas de bebidas finas, poder-se-ia deduzir que o casal gostava de recepcionar os amigos. No mais, tudo normal.

Sentei-me confortavelmente em uma linda cadeira, apreciando o extremo bom gosto na decoração. Sadu observou e saiu-se com essa.

— Recordando os velhos tempos, hem, Luiz?

— Na minha casa nunca teve uma dessas. É luxo demais — respondi logo em seguida.

Todos rimos e Enoque interferiu:

— Vamos ao serviço. Chega de brincadeiras. Todos já sabem o que fazer.

Era quase meio-dia. O jovem, que costumava trocar o dia pela noite, naquela manhã acordou relativamente cedo para ele; seu semblante denotava preocupação. Também fora levado durante o sono à Espiritualidade, juntamente com a mãe.

Levantou-se e nós o cercamos de carinho. Pensava eu: "como é possível um moço saudável jogar a vida fora, apenas por alguns gramas de veneno?!"

Foi direto à geladeira, ingerindo grande quantidade de leite, certo de que iria, com isso, diminuir a intoxicação. Notei que os nossos médicos não se aproximavam dele, saindo mesmo de perto. Pouco depois, desapareceram. Não compreendi nem pude captar aonde iam.

Enoque colocou as mãos espalmadas sobre a cabeça do jovem, pois ele se sentia mal, desejando devolver o leite ingerido. Percebi que também tinha de ajudar. Olhei as minhas mãos e, com elas, colhi energias para oferecê-las ao doente. Estávamos nessa posição, quando ele procurou o banheiro para devolver o alimento.

Um encarnado, vendo-o, iria dizer: "coitadinho!" E correria a dar-lhe um remédio que evitasse o vômito. Nós, os amigos do lado de cá, desejávamos justamente o contrário: que ele vomitasse bastante. Em cada golfada era eliminada uma goma escura de miasmas pesados; uma cena assustadora. Era como se pequenos animais fossem devolvidos pela boca!!!

Quase desfalecido, levamo-lo até sua cama e, nesse momento, escutando o barulho provocado pelos vômitos, entrou a mãe, ficando apreensiva ao vê-lo e desejando levá-lo ao médico. Ele gritou dizendo que não precisava — tinha pavor de ser examinado.

Compreendi o olhar que Enoque me endereçou, quando a mãe se dirigiu à cozinha, onde fora buscar um copo com água. Acompanhei-a e lá estava Karina, já magnetizando todas as águas da casa para ajudar o rapaz. A preocupação desse espírito era salvar mais um prisioneiro da droga, pois, no pretérito, ela própria passara pelas mesmas experiências terríveis e destruidoras.

A mãe voltou para junto do jovem, levando uma garrafa. Ele ingeriu o líquido abençoado, pois sentia muita sede. Olhou para a mãe e perguntou:

— O que a senhora colocou nesta água?

— Nada, respondeu. Não temos remédio para vômito em casa. Quero levar-te ao hospital, mas te recusas...

— Não é nada, mãe. Ontem comi um sanduíche que me fez mal e até pesadelos tive essa noite.

— Interessante, eu também os tive, mas como ando fazendo regime não atinei com a causa.

Pensei: "se eles soubessem a causa iriam sair em correria louca ou morreriam de susto".

A mãe acariciava aquele ser muito amado. Ele também gostava da mãe, porém a droga o tinha adotado — era a tutora terrível.

Alguns minutos após, retornaram os nossos médicos — Sadu, Samita e Carlos — trazendo um líquido que injetaram na veia do doente. Ele se retorceu sentindo dor no braço. Todos estávamos atentos, protegendo-o. A mãe estava preocupadíssima.

Só compreendi o objetivo da injeção ao ver a circulação do jovem intensificada e suas veias desobstruídas. O nosso amigo estava com um pé na sepultura, e com uma agravante, como suicida!

Desesperado, sentia vontade até de materializar-me e contar àquele rapaz o horror por que passa um suicida. Ele era uma criatura protegida por mãe carinhosa e não estava dando valor a tudo o que possuía. Ignorava que corria sério perigo de vida!

Queríamos ajudá-lo mais, entretanto, ele nos rejeitava. Disse-nos Karina que a mãe tentara levá-lo antes a um Centro Espírita ou mesmo a outra casa religiosa, procurando fazê-lo encontrar Jesus, porém ele sempre reagiu contra. Quando ele não chegava a casa drogado, rezava antes de dormir, o que ainda era pouco. Se a mãe aventava a hipótese de ser ele examinado por um médico, ficava nervoso e não aceitava a ideia.

Carlos chamou-me a atenção:

— Veja, Luiz Sérgio, os vampiros se alvoroçaram. Estão notando a diferença no corpo do garoto. O remédio trazido por nós da Espiritualidade está expulsando alguns deles. Repare só como se retiram. Eles se encontram furiosos.

Samita e Sadu seguraram bem forte o rapaz e deram-lhe uma lavagem geral, até que, finalmente, adormeceu.

Havia na nossa equipe um irmão que iria auxiliá-lo durante o desprendimento pelo sono. Aproximou-se logo que o viu desprendido, mas, não sei por quê, o rapaz se assustou, pondo-se em disparada, numa carreira louca. Sorri, achando engraçado. Os carcereiros ele não temia, mas a luz lhe fazia mal. Todos os outros — notava agora — tinham cabeças baixas, orando para o êxito dos trabalhos, a ajuda que iria receber o rapaz enquanto o seu corpo dormia. Pensei: "como tudo é complicado!" E também me pus em oração.

Não demorou muito e lá estava ele de volta, mas de que maneira! As mentes ligadas a ele pareciam um enxame de abelhas, sem exagero, e sua fisionomia não revelara boa coisa.

Karina, que acompanhava o irmão, revelou à Samita:

— Nada feito. Ele rejeita a aproximação dos mensageiros do amor.

Vimo-lo retornar ao corpo e acordar sobressaltado, indo abraçar a mãe, a chorar copiosamente. Ela se levantou e foi ao telefone chamar um médico. Enquanto isso, ele procurou uma estranha mistura e a cheirou alucinadamente, achando que o seu mal era a falta da droga.

Ficamos desesperados, atônitos. Não fazíamos milagres, como também não podíamos ir além do permitido. Temos de respeitar o livre-arbítrio. Com as mãos dadas, fizemos um círculo. Do Alto, imediatamente projetou-se uma luz que clareou todo o ambiente. O jovem uivava, alucinado. Tínhamos de impedir a entrada da mãe no quarto. Ela não poderia assistir àquela cena de horror: o filho com os olhos vidrados, o nariz muito vermelho, o estômago causando-lhe um terrível mal-estar. Ele havia piorado, e muito!

Conseguimos trancar a porta e prosseguimos nossa batalha desesperada para salvá-lo, apesar das "abelhas" furiosas que sugavam aquele corpo repleto de energias vitais.

Oramos:

Senhor, Deus de infinita bondade, dai-nos forças para ajudar em Vosso nome; para levantar os caídos, os sofredores, sustentados por Vossa Mão Sacrossanta e Amiga. Pai, esclarecei-nos se nada soubermos, mas permiti que compreendamos o Vosso Amor para transmiti-lo, através do exemplo, aos que de Vós se distanciam.

Deus, amigo e Pai, socorrei-nos nesta hora em que presenciamos alguém afundar-se no mar raivoso da destruição. Ajudai-nos, Senhor, a ser portadores do sublime remédio que é o Vosso Amor. Assim seja.

A essa altura a mãe batia fortemente à porta, suplicando que ele a abrisse. Sara ajudava-a a se acalmar, enquanto que, do lado de dentro, estava o rapaz caído ao chão em estado alucinatório e os nossos médicos tentando salvá-lo por todos os meios.

Deus sempre nos abre uma porta quando todas se encontram fechadas: um dos nossos médicos, em um ato de grande inteligência, utilizando um aparelho, introduziu-o em seu estômago, com o qual foi bombeando, retirando todas as toxinas daquele corpo. Alguns minutos após, a cor foi voltando à face do rapaz. O perigo havia passado.

Conseguiu levantar-se, ajudado por nós, e com muito esforço abriu a porta do quarto, deparando com os pais, ambos bastante nervosos pelo estado do filho. Pediu-lhes que o deixassem, pois já se encontrava melhor e precisava dormir. O pai queria aplicar-lhe os antitóxicos que havia trazido, mas ele recusou, dizendo:

— Acredito em milagres. Agradeçam a Deus a minha vida. Não vou temer nada. Deus me salvou. Vi a morte de perto e até amigos pude perceber neste quarto. Deixem-me dormir agora, preciso tanto!...

Jogou-se na cama, logo adormecendo, mas desta vez seu espírito, também cansado, não se afastou.

O médico que aplicara o estranho tratamento não se encontrava bem. Aproximei-me dele, abraçando-o carinhosamente, e disse:

— És um "barato", meu grande amigo. Como te admiro!

Abraçou-se a mim e à Samita. Levamo-lo dali.

Saímos, os caravaneiros de Francisco de Assis e Maria de Nazaré, pois precisávamos de ar puro. O nosso oxigênio chegava ao fim. Cansados, esgotados, voltamos ao Centro. O nosso querido amigo recolheu-se em um quarto especial e soubemos, pelos outros médicos, que tinha vindo socorro especial para ele, do Mais Alto. O caso é que, para não contaminar a todos nós, ele havia retido, junto ao aparelho, toda aquela carga que estava obstruindo as válvulas cardíacas e cerebrais do nosso jovem.

Essa notícia me deixou muito emocionado e agradecido àquele amigo e aos outros que se esquecem de si e tudo oferecem em benefício do próximo. Querer bem é muito pouco para expressar o meu reconhecimento aos amigos que encontrei na Espiritualidade.

Capítulo 10

OS APARELHOS DE SOCORRO OUTRA EQUIPE SOCORRISTA MÉDIUNS EM SERVIÇO

Cansado, porém bastante curioso, desejava ainda muita coisa esclarecer. O trabalho daquele dia deixara-me preocupadíssimo. Nenhum sofrimento pode ser comparado aos delírios da droga. Nós, que presenciávamos os dois quadros — o que se passa na Crosta e suas consequências do lado de cá, com os sugadores desencarnados — ficamos verdadeiramente penalizados.

Alguns instantes mais permanecemos batendo papo com a turma. Carlos comentou:

— Vejam, amigos, encontramo-nos todos extenuados e, no entanto, muitos encarnados desejam descansar no túmulo.

Nossos sorrisos se abriram, cada um balançando a cabeça em concordância.

— Pois eu me sinto muito feliz por me encontrar aqui, cansado, mas "vivinho da silva". Já pensou se todos morressem de verdade, que trabalho para Deus? Criar e destruir, destruir e criar! Só mesmo uma mente fechada pode isso imaginar — falei.

Os médicos, Samita, Sadu e Carlos, não tinham pressa de se afastar para o repouso, entretanto, nós outros pedimos licença e nos retiramos.

Íamos saindo, quando Sara convidou-me e à Karina para visitar um lugar. Queria mostrar-nos algo. Concordamos e ela nos levou a um recinto onde várias luzes foram acesas e cuja intensidade era tal que foi necessário oferecer-nos uma proteção para os olhos.

— Irmãos, tenho notado a curiosidade que vocês dois sentem todas as vezes que aparecem junto a mim os aparelhos de socorro e que ela mais se aguça vendo-me com eles trabalhar. Sei que gostariam de conhecê-los, por isso os trouxe aqui.

Fiquei feliz, porque há muito desejava ver esses instrumentos de perto e, também, me tornar mais amigo da jovem Sara, que ficava sempre distante do grupo, muito pouco dialogando conosco.

Meus olhos contemplavam os mais esquisitos aparelhos, desde os mais delicados até verdadeiros tanques de guerra, de tão grandes. Não preciso dizer que o meu coração se encontrava em disparada. A curiosidade me fazia desejar apalpá-los, senti-los. Como era possível que naquele Centro, tão humilde, pudesse existir um dos mais belos laboratórios científicos?!...

— Sara, se você trabalha aqui e somos uma equipe, por que não conhecemos isso antes?

Ela sorriu e respondeu:

— É a nossa hora de descanso. Não seria aconselhável trazê-los aqui em hora de atividade, uma vez que este é um lugar onde as ondas magnéticas precisam ser mantidas sem oscilação. Uma simples curiosidade faria perder-se um trabalho sério. Temos aqui técnicos abnegados que trabalham por amor, só indo uma vez ao mês rever seus familiares nas colônias espirituais. São os nossos servidores anônimos do Centro. Irmãos, se hoje a máquina de calcular não nos toca mais por parecer-nos muito natural, antigamente ela nos aguçava a curiosidade, e assim todos os aparelhos eletrônicos. Muitas descobertas futuras no campo científico da Crosta aqui se encontram aperfeiçoando-se, já trazidas da Espiritualidade. Agora, amigos, vamo-nos retirar. Aproxima-se a hora das aulas noturnas, quando os cientistas encarnados aqui vêm, durante o sono, para o grande aprendizado que futuramente resultará em grandes descobertas. Aqui, logo mais, será uma moderna sala de aula, com alunos do mundo inteiro. Irmãos, quando nos encontramos prisioneiros de um corpo de carne, tudo para nós parece natural. Não queremos pensar que somos orientados e vivemos, ano após ano, fugindo da força que nos rege, que é Deus. Não desejamos saber por que existem diferenças sociais e de inteligência. Parece-nos mais fácil continuar cegos e deixar todas as respostas para a Ciência que, por sua vez, esbarra, a cada passo, com o orgulho.

Ficamos ali o tempo necessário. Ainda olhei demoradamente o grande aparelho que vai curar uma terrível doença. Abracei com delicadeza aquele bálsamo do futuro.

— Luiz Sérgio, estás tão preocupado com a extinção dessa doença..., quando para mim a pior delas é a droga, que só este magnífico remédio pode curar.

Procurei, olhando imediatamente para todos os lados, o aparelho mencionado por Sara e ela, vejam só, tirou do bolso do casaco um pequeno livro, cujas letras brilhavam muito — o Evangelho de Jesus!

Deixamos o recinto e ainda escutamos o barulho da porta fechando-se atrás de nós. Paramos em um recanto. Ela abriu o Livro Amado. Apresentou-se-nos, de *Mateus*, o Capítulo IX, versículos 1 a 38.

(...)*Ele ensinava nas casa de oração, anunciava as Boas Notícias do Reino e curava as pessoas de todas as doenças e enfermidades* (...)

Sara leu e explicou todo aquele trecho que trata da cura de um paralítico por Jesus, de Suas palavras aos fariseus: “Quem tem saúde não precisa de médico”, da cura de dois cegos; da cura de um mudo; e, finalmente, a piedade de Jesus por todos nós e a advertência: "A colheita é grande, mas os trabalhadores são poucos".

Orei:

Deus, como Te agradeço o perdão para o meu espírito, amparando-me na estrada da vida com amor de Pai, nas horas das dores e das alegrias!

Deus de bondade, hoje encontro-me junto de amigos. Nada fiz para merecer tanto, porém, Senhor, desejo de todo o coração ser digno deles. Ao deixar a Terra julguei morrer em mim a alegria e a fé, mas, Pai Amado, quando o desespero quis de mim se apossar, senti a Tua mão erguendo-me com muita força e muito amor.

Hoje, meu Deus, com as mãos no rosto para reter as lágrimas, só posso dizer, eu, o menor dos Teus filhos: sinto-me enriquecido e feliz por ter-Te encontrado neste caminho de paz e de esperança.

Calei-me. As queridas amigas se abraçaram a mim, chorando, e assim ficamos, os jovens de Jesus.

— Que bela cena! escutamos alguém dizer.

Era ele, o jovem e radioso oriental, que se aproximara de nós sem que o percebêssemos.

— Satisfeito, bicho? Agora vamos descansar. Amanhã teremos uma bela palestra. Procuremos haurir conhecimentos para o grande trabalho a que fomos chamados.

— E você, aonde andou? Quase não o vimos hoje. Que folga é essa?

— Não posso revelar os meus segredos particulares. E depois,... tudo está dando certo. Não precisam de mim. Enquanto isso, posso dormir tranquilo nos braços da preguiça.

Sabíamos que ele brincava, o raiozinho de sol das nossas vidas.

— Luiz Sérgio, o que está acontecendo? Senti que estavas tenso, temendo não conseguir resultados positivos em nossa missão.

— Como sabes, se estavas dormindo com a irmã preguiça?

— O meu serviço de informações faz inveja a muitos Departamentos de Estado.

— Amigo, tens razão. Hoje me encontrava tenso. Sou iniciante neste trabalho. Fico tão emocionado que tremo com receio de não acertar e atrapalhá-los.

As jovens despediram-se, percebendo que ele desejava falar-me.

— Até, Karina e Sara.

Fomos andando, Enoque e eu; ele sorrindo com aqueles dentes muito alvos, o cabelo parecido com o dos nossos índios; muito alto, simpaticíssimo, chama a nossa atenção por não usar camisa e a calça lembra a dos pescadores, bem justinha, até a canela. Às vezes, usa um turbante como os ciganos fazem, amarrado, com três nós. Não sabemos o significado. Colocou a mão no meu ombro e iniciou:

— Luiz Sérgio, quando Jesus reuniu os apóstolos para o trabalho da Boa-Nova, todos respeitavam e amavam Jesus, sabendo que Ele era o Filho de Deus. Nem por um instante ficaram preocupados pela pequenês de cada um. Se Pedro, João e Levi ficassem apenas admirando Jesus e com medo de não serem úteis, hoje não teríamos tantos exemplos a seguir. E nota que para nós, agora, é muito mais fácil, pois convivemos com espíritos que carregam um pretérito não muito feliz. Por que vamos nos sentir medrosos ou fracos diante de espíritos doentes e necessitados? Peço, amigo querido, que segures bem forte a oportunidade. Estuda e luta como fizeste até aqui. Olha ao teu redor e vê que caminham, junto a nós, irmãos nossos, sejam eles repletos de luzes ou apenas farrapos de dores. Contamos contigo. Foste chamado e és um dos trabalhadores do Mestre. Ele conhece a possibilidade de cada um e não te atrairia para o nosso convívio se dentro do teu coração não existisse uma corrente poderosa de amor e coragem. Luta, meu jovem. Ser humilde é uma coisa, recuar é covardia. Temos por ti amor, respeito e confiança.

Ouvira de cabeça baixa, enquanto caminhávamos. Parei. Olhei-o firmemente nos olhos e disse:

— Pode contar comigo! Vou colocar-me onde você deseja, junto aos outros trabalhadores, porém, não mais receoso como antes, mas, agora, como um colaborador que também respeita e ama o trabalho de todos e aspira a coroar de êxito todos os trabalhos do Senhor.

De repente, ele havia voltado a ser o jovem brincalhão e alegre, contando suas aventuras. Que estranho Espírito, pensava eu, mas como me conhece!... Tem razão. Desde o dia em que me encostei no perispírito daquele garoto que havia roubado a pobre senhora e vi que não havia procedido bem, acanhei-me diante dos companheiros e andava medroso. Como fiquei feliz com a advertência do amigo!

Dei um pulo e um grito de alegria. Olhando distraidamente em volta, vi, ao longe, um velho muito amado, aproximando-se — meu avô.

— Como vão os trabalhos? Estou feliz, filho, por vê-lo alegre e ainda mais disposto a vencer os próprios defeitos. A Doutrina Espírita, Luiz Sérgio, ensina-nos o burilamento e muitos encarnados imaginam que depois que saímos do corpo transformamo-nos em divindade. Não sabem eles que aí é que nos pesam os erros. Antes, se eles se encontram encobertos, depois do túmulo, refletidos pela luz da Verdade, cegam-nos de vergonha quando deles não nos livramos.

Ele me contou que sempre vai até minha casa, agora mais do que antes por estar trabalhando aqui perto. Tem conversado muito com a esposa amada e a ajudado também, esquecendo-me um pouco. "Sofro de saudade da minha velhinha querida", acrescentou.

Despedimo-nos. Antes, quando isso acontecia, sentia-me com vontade de correr atrás dele para retê-lo junto a mim. Hoje, algo mudou dentro de mim. Considerei-o como servidor do Cristo e vi que tudo encontra-se no seu devido lugar. Por que não nos conformamos, esforçando-nos para honrar o ambiente que nos acolhe?

Ele ia caminhando firme e consciente do trabalho que estava fazendo. Sorri, porque senti que aquele espírito me amava muito. Em todas as suas folgas corria para me ver. Pensei: "por que não faço eu o mesmo? Preciso ir visitá-lo mais vezes".

No dia em que a Terra respeitar as lições emanadas de Deus, tornar-se-á um paraíso. Quem me conheceu quando vivi no corpo carnal deve lembrar-se da minha maneira apressada. No entanto, fiquei ali, sozinho naquele pátio, de cabeça baixa, sentado no chão com os braços apoiados nos joelhos, mãos entrelaçadas, meditando. Levantei os olhos para contemplar o céu do Planalto(11) e vi as estrelas cintilantes. Disse para mim mesmo: "Luiz Sérgio, vamos passear, dar umas voltas pelas quadras tão queridas."

Cientifiquei o irmão carregado e saí a caminhar.

Não me afastara muito quando presenciei uma cena chocante: um carro vinha em excessiva velocidade. Tentei ajudar o motorista, porém, não houve tempo. Senti o baque e o estrondo. Já me preparava para socorrê-lo, momento em que divisei uma luz radiante penetrar no carro todo destruído. Aproximando-me, vi quatro espíritos amparando o jovem que só se apresentava sonolento, tonto. Aplicamos-lhe passes e logo foi atendido pelos encarnados que por ali passavam.

---

11. No Planalto Central está localizada a cidade de Brasília, onde Luiz Sérgio passou os doze últimos anos de sua vida terrena.

Todos diziam: “milagre! Puxa, veja como ficou o carro...” Também curioso, fui examiná-lo por dentro e, pela experiência já adquirida no serviço que estamos a fazer, chamou-me a atenção uma massa azulada que, como um escudo protetor, livrara o jovem de desencarnar. Olhava admirado e então um dos espíritos aproximou-se de mim, perguntando:

— O irmão também serve como socorrista? Tivemos sorte; existe aqui perto uma casa de oração, por isso pudemos moldar esta proteção fornecida pelos médiuns em atividade. Ele não podia desencarnar agora, tem um compromisso a realizar com a Doutrina: vai fazer grandes curas. Hoje está ingerindo bebidas em excesso, mas, no futuro, ajudará alcoólatras.

Conversávamos como irmãos e o convidei a ir conhecer os outros amigos. Prometeu ir. Logo depois, a equipe retirou-se dali.

Pensei, então: “esse pessoal todo aqui, rodeando o carro destruído e ninguém se lembrou de agradecer a Deus a grande benção”. Acheguei-me a uma garota e lhe transmiti meu pensamento. Eu orava fervorosamente e ela muda e surda permanecia. Aproximei-me de um senhor, mas não havia possibilidade: cheirava a cachaça. Quem iria fazer a prece para agradecer aquele trabalho tão belo que ali fora realizado? Fitei aqueles rostos e tentava intuí-los, um a um, quando um garotão recebeu minha mensagem. Juntando as mãos, orou alto. Todos o olharam assustados, no começo, mas logo o acompanharam em silêncio.

— Obrigado, Deus, por ter salvo o nosso amigo. Obrigado por tudo e ajuda a todos nós, amém. Pai-Nosso...

Depois da prece, foram-se retirando, permanecendo apenas um. Este virou para o companheiro e lhe perguntou:

— O que te deu, cara? Enlouqueceste de repente, dando uma de beato?

— Não sei, mas me sinto feliz. Sou religioso e quis agradecer a Jesus.

Acariciei aquele jovem. Quantos meninos poderiam amar Jesus, mas os pais não encontram tempo para despertar neles o sentimento cristão, por medo de que se tornem fanáticos, de se fazerem religiosos, ou, ainda, por ser mais fácil fingir não acreditar em nada.

Voltei para o Centro, fitando distraidamente as estrelas; adorei o céu e sonhei com o dia em que todos nós, unidos, iremos transformar-nos em estrelas brilhantes, clareando a trilha dos viajores.

No alojamento, recordei-me do Luiz Sérgio criança, jovem e depois adulto, correndo com os ventos da vida; o jovem alegre de ontem e o jovem repleto de esperanças de hoje. E gostei de ainda ser moço, de não ter por isso armazenado contas pesadas demais na última existência e meditei:

Pai, como sou importante: fui criado pelas Vossas Mãos Sacrossantas de Amor. Fazei de mim um filho obediente e amigo dos meus amigos; não me deixeis solto na maré das imperfeições; ajudai-me a navegar nas águas tranquilas da paz do Vosso oceano de amor. Também, Pai, agradeço-vos por tudo o que me tendes dado, principalmente a vida. Ajudai-me a conservá-la ao Vosso lado, hoje e sempre.

Todo o meu sentimento de filho de Deus estava ali. Continuei a olhar tudo o que compõe a vida no Planeta em que vivemos: a Terra. E procurei me recolher, sabendo que, no outro dia, novas tarefas nos esperavam.

Capítulo 11

A LIÇÃO DE OCAJ
REENCONTRO COM OS AMIGOS DA "ESTÂNCIA DA LUZ DIVINA"
O QUADRO ELETRÔNICO

No dia seguinte, cheguei ao auditório do Centro onde já se encontravam presentes Enoque e Sara. Os dois conversavam. Sem incomodá-los, procurei um lugar para me sentar e, de cabeça baixa, orava em silêncio. Enoque me percebeu e me chamou:

— Luiz Sérgio, venha cá, o que lhe aconteceu, amigo? Está parecendo que você está cansado e preocupado. Ficamos contentes por ter participado do belo trabalho de ontem, mas não é aconselhável ficar saindo sozinho. Estamos em missão séria que pode acarretar-nos situações desagradáveis. Como bem sabe, estamos tentando transformar casas de marimbondos em ninhos de pássaros, fazendo ver que construir é mais belo que destruir. E quando nos aproximamos e somos percebidos, há luta pela conservação do terreno já conquistado.

— Enoque, a preocupação que o amigo pôde perceber em mim é porque eu estava ciente de que não devia ausentar-me do nosso grupo sozinho. Só andei uns passos e, ao me dar conta, lá estava eu. Mas acho que fui útil.

— Sim, hoje o irmão foi, mas, amanhã, o que ontem foi um fato, no futuro poderá ser uma cilada armada pelos irmãos das trevas.

— Fico muito agradecido pela observação. Às vezes empolgo-me, esquecendo as advertências que recebemos dos mentores. Mas é apanhando que se aprende. Graças a Deus, junto com vocês eu aprendo sem apanhar...

Enoque, muito alto, bateu carinhosamente na minha cabeça, dizendo:

— Cara, és gente muito fina.

Não pudemos deixar de rir, porque falou como qualquer rapaz da Crosta. Até o jeito era de um jovem moderno. Samita brincou com ele:

— Tu nunca me enganaste, garotão, estás numa boa, hem?!

De tanto conviverem com os jovens modernos, aqueles Espíritos amigos sabiam conversar como qualquer "patota", das mais avançadas.

Enoque beijou a mão de Samita e exclamou:

— Ó princesa africana, deposito os meus trabalhos aos teus pés; faze de mim um instrumento útil para o que der e vier.

Ela respondeu:

— O garoto está sabendo agora até adivinhar o que pensamos. Aqui me encontro para convidá-los: vamos ter uma aula em uma escola próxima à Crosta. Os amigos orientais nos virão buscar. Esta aula é de grande valor e interesse para todos nós, dada a seriedade do trabalho que estamos efetuando.

A voz macia de Samita parece música aos meus ouvidos, ficaria horas deliciando-me com sua grande sabedoria, assim como com a de outros meus amigos, e me pergunto: "como posso me encontrar junto a eles?" — Enoque penetrou no meu pensamento e me disse:

— Todos aqui somos trabalhadores; o valor de cada espírito está na sua boa vontade de realizar as obras com amor e desprendimento.

Compreendi imediatamente que somos como vidraças que precisam estar bem limpas, pois uma simples teia de aranha pode obscurecê-las e ofuscar-lhes a luminosidade. Prometi a mim mesmo procurar ser digno do trabalho ofertado por Jesus, para ser o menor dos Seus servos.

Os outros iam chegando devagar, menos o Carlos, que vinha apressado, até parecendo o Luiz Sérgio.

— Estou atrasado, amigos? perguntou.

— O que acha? disse Enoque. Todos nós sabemos quando estamos certos ou errados, e se perguntamos é para justificar nosso erro, o que não vem a ser o seu caso, pois ainda dispomos de uns minutos.

— Obrigado, amigo.

— Vamos, já nos divertimos muito. Mãos à obra. Enquanto esperamos Ocaj e Onor, que logo estarão aqui para nos buscar, façamos a prece.

Eu procurava alguém, insistentemente, estranhando sua ausência e indagava mentalmente: "onde está o Sadu? Por que não se encontra aqui perto de nós?" — e, desta vez, ninguém me respondeu.

Samita pegou o Evangelho que enfeitava o centro da mesa e, abrindo-o ao acaso, leu para nós todo o Capítulo 5 de *Atos dos Apóstolos*, os apóstolos perseguidos. Depois, fechando os olhos, orou:

Senhor Jesus, doce e meigo Rabi, Pastor de ovelhas, ampara-nos sob Tuas mãos fortes e amigas. Não nos deixes perdidos nos vastos campos da inércia, inebriados pelos cantos dos falsos pássaros nem que os perfumes mundanos penetrem os nossos sentimentos transformando-os em instintos animalescos. Guarda, Senhor, em Teu coração, estas almas ainda carentes de luz, mas que tentam clarear o caminho através da ajuda a todos aqueles que sofrem. Auxilia-nos, Jesus, para que os nossos passos, ainda incertos, levem-nos pelas sendas floridas que irão perfumar as nossas consciências, na busca da paz, do amor e da humildade. Senhor, aqui nos encontramos, irmãos pequeninos e amigos, tendo a certeza de que só Tu nos podes ensinar e oferecer a estrada que nos vai guiar até nossa chegada aos braços do Pai. Ajuda, Senhor, Teus servidores que humildemente Te solicitam trabalho, porque servir é encontrar a Paz de caminhar ao Teu lado.

Terminada a prece, notamos o nosso Ocaj atrás de nós, que ali se postara, silenciosamente, ainda a tempo de ouvi-la. Carlos cumprimentou-o à moda oriental e ele respondeu.

— Como vai, irmão Carlos? Espero que todas as belezas que o irmão vem armazenando no campo fértil da inteligência já tenham iniciado a florir, para sua própria felicidade.

Logo atrás dele vimos outro oriental, o nosso querido Onor, que trabalha pelos menos esclarecidos no sentido de que sejam respeitados e amados conforme Jesus ensinou a todos nós, perdoando-nos na cruz, quando lá O colocamos.

Nossos amigos nos cumprimentaram, sempre oferecendo-nos pensamentos nobres que foram adquiridos nos mosteiros orientais, através da meditação. Ao chegar minha vez, Ocaj falou:

— Irmão Luiz, cada vez que o encontro faz-me recordar um fiel servidor do Cristo, que, ainda jovem, pedia a Deus não que fosse feliz, mas que tivesse forças para arar o campo, sem nunca deixar a terra improdutiva; que sempre tivesse amor no coração para aceitar os irmãos, do mais dócil e amigo até o mais perigoso; orando sempre a Deus, ele foi encontrando terras abandonadas e amigos doentes e com amor pôs-se a trabalhar e trabalhar. Um dia, a Tentação falou a ele:

"— Irmão, até quando vais somente consertar os erros? Nunca vais gozar o paraíso? Quando estás em um campo florido, logo és chamado para outro lugar árido e tudo recomeça."

O jovem iniciado respondeu à Tentação:

"— Quem te disse, irmã, que eu fico longe do paraíso? Todas as vezes que sou chamado para dar vida a um lugar, antes feio e inútil, sinto ainda mais ao meu lado o hálito do Criador. Acredito, irmã Tentação, que os braços e a mente parados, aí, sim, é que longe se conservam do paraíso divino."

Escutei com atenção as palavras do querido Ocaj e tive vontade de beijar aquelas mãos amigas. Desejei perguntar por Sadu e por que ainda não podemos nos locomover sozinhos, precisando da tenda[12] daqueles espíritos orientais. As respostas não vieram. Como fomos convidados a tomar nossos lugares, acomodei-me e "quase" tirei um cochilo, sendo despertado pela nossa chegada ao lugar da conferência. Despedimo-nos dos amigos, não sem antes convidá-los para nos fazer companhia. Agradeceram, dizendo que iriam partir, mas logo viriam nos buscar.

Fiquei imaginando quantas vidas deveriam ter tido para se mostrarem tão serenos e amigos. Nascer é aprender; morrer é nascer, aprendendo. Relanceei os olhos pelo local sem querer acreditar no que via: bem perto da Terra, sob o céu da capital do País, um belo e moderno hospital e, anexo a ele, uma sala de conferências das mais modernas. Senti vontade de correr, tão feliz estava, de abraçar a todos e de gritar bem alto: obrigado, meu Deus! Muito obrigado!

Entramos. Na assistência reencontrei muitos amigos da "Estância da Luz Divina" e não pude conter a emoção. Foi quando vibrou dentro de mim a voz do Ocaj, contando aquela passagem do trabalhador de Deus que sempre era mudado de campo e de trabalho para ter o Pai bem junto de si. Retive as lágrimas que ainda teimavam em cair e procurei os amigos.

---

12. Tenda — assim chamado esse transporte por ser parecido o seu feitio a uma tenda como a que se usa em *camping*.

Junto deles já estavam Karina e Sadu, tendo este se levantado para me receber. Sentei-me ao seu lado e ele foi logo dizendo:

— Ó bebê, por que choras? De saudade deste amigo? Aqui me encontro para aliviar tuas lágrimas!

Comecei a rir e bati carinhosamente naquele ombro forte e amigo.

— Obrigado, Sadu, és um grande cara. Prometo a Deus dosar minhas emoções.

— Bravo! Este é o Luiz Sérgio que amamos e de quem muito esperamos, não o que fica pelos cantos chorando de saudade. Ela ataca a todos nós, mas nada como o trabalho para nos fazer esquecê-la.

Prestei atenção ao palco. Havia um grande quadro negro, porém nem cadernos nem mesa; só pudemos perceber vários pontos de luz. Nesse exato momento entrou um belo espírito. A luz que se irradiava desse irmão era algo por demais sublime para eu explicar aqui, no papel. Somente naquele irmão percebi a luz. Vi caindo do teto uma substância que o revestiu, dando-lhe a aparência de um de nós, homem normal, isto é, Espírito do qual cada um de nós poderia aproximar-se.

Cumprimentou-nos e iniciou a palestra. Cada palavra pronunciada era escrita no quadro negro, através de processo eletrônico, com letras de um brilho intenso. Cada vez que um espírito assistente manifestava qualquer dúvida, vinha a resposta, como se aquilo fosse um dicionário. Estava realmente deslumbrado. Ele nos explicou que assim como para receber o Messias a Terra sofreu uma transformação atmosférica, a fim de que Jesus tivesse condição de aqui viver, agora também a Terra estava sofrendo novas transformações, sendo necessária a cooperação de todos os espíritos. Os Planos mais Altos da espiritualidade, de mãos dadas, trabalhavam para a paz e para a recuperação de todos os seres.

Perguntei pelo pensamento: “Então, Jesus vai voltar à Terra, junto com os profetas e apóstolos?” O quadro respondeu: “Jesus e os apóstolos nunca se separaram da Terra. Se não fosse por eles haveria muito mais sofrimento do que há hoje.”

Percebi que ali se encontravam espíritos tanto ou mais curiosos do que eu, pois eram feitas perguntas fabulosas e uma delas ficou guardada na minha memória:

“— Como podemos colocar a questão da evolução da Terra diante de outros planetas? Eles possuem elevação bem superior à da Terra?”

Resposta:

“Os espíritos que habitam outros planetas são mais evoluídos (as letras foram jogadas no quadro bem devagar). Jesus desceu à Terra e nela plantou as sementes da pureza e do amor. Os que foram levados à Terra para lhe dar os primeiros impulsos do progresso eram espíritos de um planeta elevado. A Terra já evoluiu muito e podemos dizer que não se encontra tão atrasada no progresso material nem no moral, como alguns imaginam. Tanto é que os maus dela partirão, ficando os Irmãos do Cristo vivendo nela como nos Céus, em estado de graça. A Terra é luz, é amor, é esperança. Jesus regou o solo desse Planeta com o mais precioso líquido: o sangue. Ele plantou, em cada irmão, a semente da humildade e a Terra não O esqueceu. A Terra pertence a Jesus, como Jesus pertence a Deus, e a todos nós espíritos terráqueos. Os planetas se ligarão como um leque, ontem fechado, e hoje ficando gradativamente mais aberto, refrigerando os recantos antes consumidos nos fogos do ódio e dos tormentos.”

Várias outras respostas obtivemos, mas não tenho capacidade junto à médium para escrever, por faltar-nos pureza e adiantamento moral. Com o tempo, iremos adquirindo-os. Enquanto isso não chega, aqui deixo estas linhas escritas junto às batidas de um coração agradecido.

Capítulo 12

OS VENENOS E SEUS EFEITOS O HOMEM E AS ABELHAS NA CARIDADE, A SALVAÇÃO

A reunião chegara ao fim. Estava realmente encantado com tudo o que havia assistido. Olhei em volta procurando os amigos da colônia. Nesse momento, divisei alguém que me é muito caro e de quem recebi muito — o meu primeiro instrutor espiritual. Aproximei-me dele e fui cumprimentado carinhosamente:

— Como vai, Luiz Sérgio, trabalhando muito? Fico contente que o irmão esteja colocando em prática tudo o que aprendeu e o fazendo com muito amor. Quando desejar, vá à colônia, visitar-nos. Teremos prazer em recebê-lo.

— Mas é possível?

— Você é livre, amigo, e já possui o cartão do trabalho, passe que lhe dá condição de se locomover para qualquer colônia da mesma elevação da que o recebeu.

— Só que agora não posso. Estou com uma incumbência muito séria, ligada à juventude terráquea. Somos uma equipe.

Olhando-me nos olhos, animou-me:

— Vá em frente, companheiro, levante os caídos, desperte os corações cansados e trabalhe para o bem do próximo.

Não desejava deixá-lo. Queria conversar mais, porém lembrei-me de que os minutos são preciosos e eu me encontrava em serviço, não a passeio. Despedimo-nos e prometi ir visitá-lo. Abracei-o bem forte, emocionado. Procurava cada um dos amigos da antiga colônia para cumprimentar, quando Enoque acenou para mim, chamando-me:

— Luiz Sérgio, a tenda nos espera. No momento em que desejar rever os teus amigos, vá. Eles ficarão contentes.

Amigos são pedaços do nosso coração que são deixados aqui e ali em cada encarnação ou desencarnação.

Samita apareceu para dizer:

— Enoque, não vamos até a tenda, agora não. O nosso comparecimento é aguardado na ala três, onde vamos assistir a mais uma aula. Não podemos chegar atrasados.

Enoque sorriu e falou em tom de gracejo:

— Estou tão enraizado nos problemas da Terra que pouco sei daqui deste Plano.

Começamos a rir e retrucamos ao mesmo tempo:

— Pra cima de nós, não, amigo!

Reunimo-nos, Sadu, Samita, Enoque, Sara, Karina, Carlos e este irmão de vocês. Enoque iniciou uma balada que todos acompanhamos, contentes, compreendendo cada palavra, apesar de ser cantada em outro idioma. A família espiritual que tanto amo estava reunida e eu muito feliz me encontrava.

Chegamos à ala três e fomos recebidos por uma médica inglesa. A sala só comportava umas vinte pessoas. Era redonda, com paredes metálicas, que refletiam qualquer movimento nosso. Assim que nos instalamos, foi projetado um filme sobre drogas; seus efeitos, as características do viciado, os problemas cerebrais, enfim, irmãos, uma aula que serviria — e como! — aos médicos encarnados e também interessaria aos cientistas da Crosta.

A médica inglesa mostrou-nos desde as simples misturas do refrigerante com comprimidos até os chás suicidas. Isso, irmãos, em *slides* projetados em telas aumentadas, gigantes; o chá sendo consumido e o efeito da droga, gradativamente absorvida pelo organismo, lesando o cérebro, como uma corrente elétrica, afetando os pontos frágeis do corpo humano; a reação em cada pessoa, a diferença da droga em cada organismo; enfim, uma aula que as autoridades poderiam programar em todas as faculdades terrenas.

A médica nos ensinou, também, como devemos proceder ao encontrarmos alguém em perigo, com excesso de veneno no corpo. Sendo o suicídio um atraso na evolução espiritual, nós temos de ajudar um irmão a não usar esse trágico meio de destruição. Recebemos orientação para os primeiros socorros e para utilizar o medicamento que aniquila a ação tóxica das drogas, também tirado da natureza. Enquanto explicava isso, dirigia-se mais à Samita, essa grande médica manipuladora de ervas medicinais, e lhe pediu que na próxima aula explicasse o valor das raízes e folhas no tratamento das intoxicações.

Eu estava ao lado de Samita e toquei aquelas benditas mãos, tão preciosas quanto humildes. Sorriu-me, mostrando os dentes belos e brancos, e falou:

— Sou apenas uma centelha divina, tentando ficar acesa para indicar o caminho certo. Enquanto falava, acariciava os meus cabelos. — Frade, sei por que você é tão sensível. A encarnação que o marcou foi a dos mosteiros do Egito, quando o irmão aprendeu a amar. Mas o coração, mesmo apaixonado e bom, tem de se livrar da pressa e da cólera. Esses dois inimigos o levaram a praticar muitos erros em outras encarnações. Às vezes, frade, encontramos pessoas boas de coração, mas quando atacadas viram feras que destroem. O impaciente, colérico, apressado — como chamamos hoje os nervosos — é um doente precisando de urgente tratamento. Quem não sabe controlar os nervos é candidato sério a contrair dívidas enormes, o que lhe aconteceu com frequência, em vidas pregressas. Mas a sua sensibilidade é a de uma flor que perfuma os seus amigos, dando a cada um deles a certeza de que você é um grande companheiro.

Nem preciso dizer que a aula já havia terminado. Carlos aproveitou o intervalo para me indagar:

— Sérgio, é verdade que você pediu para voltar à antiga colônia e nos deixar?

— Brincadeira tem hora, Carlos. O que o leva a pensar isso de mim?

— Não estou brincando, não, Sérgio. Sei que vamos receber uma comunicação permitindo, se o desejarmos, nossa volta aos nossos antigos lares, e como hoje vimos o irmão emocionado diante de antigos mentores, ficamos apreensivos.

Fitei o médico amigo e respondi.

— Carlos, nunca fui de fugir de nada. Apressado, sim, mas jamais covarde. Se entrei nessa briga, vou até o fim. Antes, não conhecia este mundo de dores e hoje, conhecendo-o, como poderei ficar indiferente à dor e ao desespero das famílias, quando amo e respeito a minha? Fico triste, pois imaginava que o irmão já me conhecesse e vejo que ainda sou um desconhecido para você.

Karina interferiu.

— Irmão, esqueça o que o Carlos disse. Você, ele e eu somos ainda muito terra-a-terra e usamos o julgamento das aparências. Você não pode ficar zangado, pois quantas vezes age como encarnado? Esquece que estamos neste serviço por bondade divina e não porque mereçamos?

Apertei a mão de Karina e em cima da minha vi logo a de Carlos e, em cima da do Carlos, a da Sara, da Samita, do Sadu e do Enoque.

— Amigos, irmãos, caminhamos nas dores e nas alegrias, esperançosos e incansáveis, pelas mãos e pelos corações! exclamou Enoque.

Tranquilamente, deixamos o lugar, encontrando os samaritanos orientais, Ocaj e Onor.

— Deus, meus amigos — falou Ocaj — quando criou o céu e a terra, olhou um enxame de abelhas e falou: adocem o mundo, fabricando o mel. Elas O escutaram, mas, mesmo adoçando com o mel, esqueceram de adoçar seus próprios corações. Por isso, quando o homem vai procurar o mel nas colmeias, elas, revoltadas, o atacam. Assim são os homens: Deus lhes oferece o coração, a inteligência e a liberdade e eles, deslumbrados com tanta felicidade, temendo que um ladrão os roube, lutam para defender o direito de gozar a liberdade, a paz da consciência e a felicidade no coração. Mas, nessa defesa, eles tentam destruir o coração, a inteligência e a liberdade de alguém; por isso Jesus pregou que o maior mandamento é o amor a Deus e ao próximo. No dia em que o homem fornecer o mel como as abelhas e desenvolver o coração, não vão mais existir as lágrimas. Assim, as abelhas não irão temer a destruição de suas colmeias pelos homens e terão os corações adocicados.

Era um bálsamo aos nossos corações aquele oriental meigo e tão amigo. Pedi que continuasse a nos falar.

— Irmão, perguntou Sadu, o que fazer diante da dor, ao sentirmos os braços atrofiados e nossa mente retardada?

— Apenas trabalhe para educar os braços e a mente; nada mais faça, irmão.

— Já pedi aos amigos da Universidade espiritual uma aula com o senhor, Ocaj — falou Samita. Está a nos privar de tão belos ensinamentos. Experiências do passado, amor no presente e equilíbrio no futuro, junto à vontade de servir, tudo isso esperamos do amigo numa aula que, sei, vai-nos servir e encantar.

— Irmã Samita, o que deseja só o Senhor poderá responder. O serviço que nos chama é ao lado dos que gemem e choram: são os espíritos nos umbrais da vida terráquea ou da espiritualidade. Eles me preocupam sobremaneira. Estão enraizados nos erros e muito necessitados. Nas faculdades existem competentes professores, formados para isso; este amigo de vocês sabe apenas dizer: eu os amo e, dia após dia, luto para provar isso. Irmãzinha, agradeço o respeito a mim, mas a vida diária nos dá sempre as maiores lições. Estamos juntos, os atos da irmã ajudam-me na evolução; se são bons, eu os recebo; se não, oro para compreendê-los e respeitá-los. Ligados ficaremos por muito tempo. Gosto de apreciar o trabalho dos jovens e estarei sempre ao lado de todos como amigo e irmão em Cristo.

Ficaríamos horas infindas absorvendo as palavras de Ocaj. O outro oriental não falava.

Havíamos chegado de volta ao Centro. Cumprimentamos os amigos orientais e eles, carinhosamente, retribuíram o gesto.

— Sérgio, ele é um exemplo a seguir, falou Karina. Ama os espíritos perturbados e tem por todos eles muito respeito. Fica triste quando vai às sessões de doutrinação e os dirigentes dos grupos gritam e falam duro com os irmãozinhos. Então, procura orientá-los, esclarecendo que esses irmãos necessitam muito de amor e não de críticas. Um dia conversávamos e Ocaj frisou que um dos grandes erros dos doutrinadores é falar assim ao espírito: "você já morreu", ou "sabe que já morreu?...". Espírito não morre, transforma-se, e sempre para melhor.

Samita convidou-nos para uma prece antes de entrarmos no Centro. Carlos a fez:

Mestre Jesus, pedimos a Vossa presença em nossos corações. Ajudai-nos, Mestre, a Vos encontrar nas choupanas, nos lares e em todos os lugares onde as lágrimas e as dores fazem morada. Não permitais, Jesus, que, desiludidos e cansados, esmoreçamos diante dos fracassos, mas fazei com que, resplandescente, a Vossa Luz clareie nossos corações para o trabalho a que fomos chamados. Assim seja.

Éramos, todo nós, espíritos desencarnados vivendo junto aos encarnados como amigos, como companheiros. Penetramos no recinto que nos abrigava e, enternecido, olhei tudo aquilo como se fosse a primeira vez e agradeci a Deus por ser filho Dele e já ter descoberto isso. Agradeci, também, minha volta para o mundo espiritual. Não poderia ficar longe do trabalho do Cristo. Para mim, Ele era importante, mas eu não trabalhava antes na Sua seara. Conhecer o Cristo é uma coisa; servi-Lo, nem todos o fazem. E desejei falar bem alto para que a minha família ouvisse: "só a caridade salva o espírito; existe a fome de amor e de pão, existe o abandono. Como podemos ficar indiferentes, quando o Cristo nos falou: "Vestindo os nus a mim estais vestindo, alimentando os famintos estareis me alimentando"? E pergunto a todos: será que não estamos deixando o Cristo nu e faminto, apenas porque ainda nos encontramos apegados ao reino de César? Será que o Evangelho de Jesus é apenas composto de letras mortas que lemos e achamos bonitas? Não, irmãos queridos, o Evangelho é a mão querida que tira dos nossos olhos as primeiras vendas. Ele nos ensina o caminho da caridade, a única salvação do Espírito. Ninguém é cristão sem amar os pobres e estropiados; ninguém ama o Cristo apegando-se ao dinheiro e às honrarias.

E saí andando, admirando a cidade. Até ao meu antigo lar eu fui. Sentei-me junto a alguém, na beira da cama. Olhando-a, deixei cair as lágrimas de saudades, mas o meu coração encontrava-se em paz e feliz por nunca ter negado nada ao próximo, principalmente amor.

Ali passei a noite, só regressando pela manhã, para novas tarefas cumprir.

Capítulo 13

ALESSANDRA, A GAROTA DA PESADA
O PASSADO DE SARA

Ao voltar ao Centro, notei que a poucos passos dali algo estava ocorrendo. Aproximei-me e deparei com uma jovem em completo desespero. Cheguei mais perto dela, imaginando-a recentemente desencarnada; pediu-me socorro, dizendo-se como tal. Fiquei com muita pena e, ao abraçá-la para conduzi-la ao irmão diretor, senti nesse contato fluidos pesados atingir-me em cheio. Calculei que fosse mesmo por ter sido recente o seu desencarne e, ainda, por causa da droga. Achei prudente não levá-la para dentro e me encaminhei com ela para o pátio. Senti sua relutância em me acompanhar, iniciando um choro histérico, desejando mesmo entrar no Centro. Fui conversando com ela, falando-lhe das passagens do Evangelho, recitando trechos das obras básicas do Espiritismo, com orientações para todos os espíritos, sejam encarnados ou desencarnados.

Enquanto isso, procurei tirar minha mão de seu ombro, pois as vibrações eram por demais grosseiras. Então ela parou e gritou, com os olhos vidrados de ódio:

— Leve-me para dentro; quero ser tratada. Vocês não protegem os doentes? Onde fica a evangelização de vocês? Ó cara, vê se liga a cuca no rádio das minhas aspirações. Estou nessa há muito, e como os coroas falam adoidados de vocês aqui, vim para receber socorro, mas pelo que estou sacando, tudo é farsa.

Comovi-me pelo tom de sua voz, que foi mudando conforme falava e quase acreditei na garota. Tentava transmitir-lhe alguma coisa sobre Jesus, mas tive a nítida percepção de que naquele momento eu precisava muito Dele, mais do que nunca. Olhava para a mocinha e não poderia admitir que estivesse blefando, pois parecia-me muito sofrida. Imediatamente, porém, os letreiros da Espiritualidade vieram-me à razão: tudo examinar com cuidado, pelo perigo ocasionado pelos irmãozinhos ainda enraizados no ódio. Lembrei-me, também, dos ensinos de meditação transmitidos pelos orientais e procurei ficar orando em silêncio.

Ela, impaciente, começou a perceber minha desconfiança. Observei, então, outros espíritos ligados a ela se aproximarem com a intenção de levar-me com eles. Ninguém do grupo seria mais fácil de ser conduzido do que eu, Luiz Sérgio, aprendiz junto aos mais esclarecidos e iluminados que receberam a santa missão de combate aos tóxicos.

Agora, ela não mais me olhava suplicante, mas sorrindo zombeteiramente do meu desespero, pois via-me fraco diante de tamanha e imaginosa farsa.

— Já que não posso entrar, vamos, garotão, dar umas voltas pelos lugares quentes onde você poderá salvar muitos jovens. Tiro de letra esses assuntos da pesada. Vamos! — ela agora segurava-me, demonstrando carinho, ou melhor, aprisionava-me sob suas mãos.

Falei:

— Vamos, gatinha, estou nessa!...

Ela me olhou assustada.

— Não me diga que você está aqui enganando os caretas camisolões, os rabinos das favelas, os doutores das almas penadas...

— O que acha? — bati no peito e dei duas voltas, desprendendo-me de suas mãos.

— Sabe, cara, perdeu a graça. Raptar careta é uma coisa, agora, levar por levar cara doido como nós é trabalho de aprendiz. Não é este o meu fraco. Gosto dos da pesada, da entrada em recantos sagrados; tornar-me de aparência saudável. Qual é a sua, cara?

— Eu é que pergunto: o que deseja de mim?

— Como bem sabe, vim forçá-lo a darmos um passeio, penso que já falei disso. Agora vamos, estou com pressa, já perdemos muito tempo com lorotas.

— Garota, sou vidrado em coisas orientais e nada faço sem concentração; vamos entrar em uma boa.

Ajoelhei-me em posição de lótus e ela, rindo às gargalhadas, sentou-se também. Ninguém pode imaginar com que devoção orei a Jesus. Pedi a Ele ajuda urgente, pois desde a minha desencarnação eu jamais havia passado por situação tão perigosa. Levantei-me de um pulo e a assustei. Qual não foi a minha alegria ao ver chegar os meus amigos, vestidos diferentemente, é verdade, mas radiantes de luz. Foram logo me inquirindo:

— Luiz, qual é a novidade que pinta? Temos algum programa hoje?

— Quem são vocês? Amigos dele? — perguntou ela.

— Sim — quem respondeu foi a Sara — ele é nosso amigo.

Notei que a fantasia que usamos no vale[13] ali estava cobrindo aqueles irmãos queridos.

— Não estou gostando nada disso. Pensei que aqui iria encontrar emoções fortes e o que encontro? Meia dúzia de malucos iguais a mim! Sinto-me como a própria Emília[14] — curiosa, levada, mas pura.

---

13. Conforme capítulo do livro *Na esperança de uma nova vida*, eles tiveram de assumir a aparência da última encarnação para poderem penetrar no "vale dos picos"
14. Personagem do livro "Sítio do pica-pau amarelo", de Monteiro Lobato.

— Não compreendemos do que fala, mas antes de qualquer programa vamos entrar neste Centro para curtirmos um pouco. Que acha da ideia? — perguntou Karina, conhecedora do assunto.

— Legal, vamos, estou louca para curtir com a cara deles, os santinhos, os jovens samaritanos não sei de quê. Uns falsos. Falam de Deus, loucos para servirem ao diabo.

Cutuquei o pé de Carlos e ele, olhando para o céu, sussurrou:

— Ajudai-nos!

A garota encontrava-se eufórica. Déramos a ela toda a corda. Fomos entrando e ela olhava tudo. Curiosidade era pouco para definir sua expressão. Levamo-la até o auditório e lá, quem apareceu? Enoque, com a sua clássica calça, tipo pescador, sem camisa e o pano na cabeça dando três nós.

— Olá, bolhas coloridas dos céus enfumaçados do planeta evoluído que é a Terra!

Andava com a ponta dos pés, e reverenciando a garota, chamou-a pelo nome:

— Alessandra, como vai? Há quanto tempo não nos víamos! A última vez foi lá em São Paulo, naquela festa do Morumbi, lembra-se querida? Morumbi...

— Cara, se desejas gozar da minha apagada pessoa, corta essa. Não gosto de histórias mal contadas.

A menininha se enfezou e Enoque continuou:

— Está bem, só que não estou aqui para contar nada, só para saber: o que a rainha da turma do Cedro está fazendo aqui junto à turma do Sol? É rivalidade antiga ou é armistício forçado?

Senti vontade de rir. O Enoque como doidão não dava certo. Pensei: "ele sempre se sai muito bem, mas agora está jogando errado; irritando a garota ele vai nos entregar. Será que não percebeu que ela está aqui para sondar, ou mesmo levar alguém?"

— Alessandra, lembra-se daquela vez, do atropelamento, quando doidona por doses excessivas de bolinhas misturadas à bebida, você corria na praça de Santos? Lembra-se? Que curtição, não foi?

— Para, cara, não vês que estás me colocando nervosa? Como sabes tudo isso? Ninguém nunca soube, nem a turma do Cedro...

— Sabe, turma, esta garota é uma parada. Um dia, lá no Rio de Janeiro, ela "puxou" seis carros e um deles de uma velhinha. E como se divertiu! O "baseado" funcionou, sem fazer mal — porque o que entra não faz mal a ninguém — só dando para matar e torturar uma anciã amedrontada e indefesa. Com base nisso e em outros fatos, nós convidamos a gatinha a nos acompanhar.

Os companheiros dela que aguardavam lá fora desistiram, ou melhor, receberam ordem do chefe para bater em retirada.

A garota tremia de pavor ao recordar o passado. Tantos crimes sob o domínio das drogas! Uma jovem de apenas vinte e três anos carregando delitos enormes, presa de entidades cruéis que já na carne a dominavam. Era levada, por elas, a procurar companhias que, apesar dos conselhos paternos, ela teimava em seguir, considerando-as legais.

Vi pavor naqueles olhos, mas ódio não. Desejei aproximar-me da menina dizendo-lhe que Deus perdoa, mas para isso precisamos levantar e andar para frente, que, com cada ato de amor ao próximo, apagamos passos sujos do passado.

Subitamente, ela disse:

— Vou-me embora!

Enoque e Samita imediatamente acercaram-se da jovem.

— Alessandra, antes de partir, vamos até ali. Alguém deseja vê-la.

Não resisti. Segurei aquelas mãos que inúmeras vezes roubaram, prepararam picos para inocentes e até mataram, afaguei-as e exclamei:

— Irmã, deixe a gente gostar de você. Nós amamos você.

Sentimos que ela fraquejava. Pelo passado contado por Enoque, aquela não podia ser a mesma garota de antes. Estava assustada. E a explicação veio de Sara:

— Ela está ficando sóbria, a ação da droga está passando. Ela só é valente de cabeça feita.

— Mas como satisfaz a dependência?

— Quando procura um viciado encarnado e se liga a ele é saciada a sua vontade. Podemos notar, por isso, que o dependente da droga nunca está satisfeito.

Coloquei as mãos no rosto, dizendo:

— Meu Deus! Ajuda essa moça a se livrar desta praga!

Não compreendia por que meus companheiros estavam fantasiados, e indaguei baixinho, sem deixar a garota ouvir.

— Era preciso. Esqueceu, Luiz Sérgio, que o que fazemos o Tongo pode observar pelo televisor?

— É mesmo. Esqueci-me. E agora, ele não nos está observando mais?

— Vá até ali e olhe o que está sendo projetado no aparelho televisor para ele!

Não esperei novo convite. Corri para o local designado por Sara e pude perceber no vídeo canteiros de rosas, pássaros voando, árvores balançando ao vento e tudo regado à boa música das colônias espirituais. O nosso irmãozinho deveria estar uma fera revoltada. Fiquei apreensivo, pensando que ele não iria se conformar e tudo faria para nos pegar.

Voltei para junto dos amigos e fomos até o ponto onde Enoque desejava levar Alessandra. Lá chegando, ele entrou primeiro, e a moça foi levada carinhosamente por nós, sem vontade própria, era uma morta com raciocínio tardio. Como não havia mais perigo de o Tongo nos observar, os meus amigos voltaram a usar suas verdadeiras indumentárias. Desde o momento em que passamos sob o portal do Centro, ligamo-nos com o Alto e o Tongo nos perdeu de vista.

Gostei de vê-los com suas verdadeiras aparências. Sorri, e Samita surpreendeu meu pensamento, alisando meus cabelos e dizendo:

— Esse menino...

Dentro da sala estava um senhor de uns quarenta anos, sentado em uma cadeira.

— Podemos entrar? perguntou Enoque.

— Sim — respondeu o enfermeiro que o acompanhava.

Enoque virou-se para a garota e recomendou:

— Alessandra, tenha muita calma. Você vai encontrar seu pai. Ele precisa de você.

Com os olhos de pavor, retrucou:

— Não, não desejo vê-lo! Eu o matei! Eu o matei! Ele está morto!...

Enoque segurou docemente sua mão e disse:

— Não existe morte e você sabe disso, pois também é considerada morta na Terra e ainda faz tudo o que fazia antes, quando encarnada.

— Não, ele não, tira ele dessa jogada suja. Já sofreu muito por minha causa, não é justo fazê-lo sofrer mais.

— Está bem. Mas o sonho dele é vê-la. Só você poderá fazê-lo feliz. Ontem você o magoou e lhe negou esse direito e hoje tem nova oportunidade. Por que negar, Alessandra? Por medo? No entanto, você grita que não tem medo de nada. Sempre foi corajosa para destruir. Por que lhe falta coragem para fazer o bem a alguém que a ama? — Enoque disse isso abraçando-a e afagando seus cabelos.

— Está bem, leve-me até ele.

O pai, contemplando a filha, conseguiu balbuciar ternamente, visivelmente comovido:

— Como vai, Ales? Está bem? Que saudade, filhinha!

Ajoelhada aos pés daquela pessoa sofrida, ela chorava copiosamente. Ninguém pode avaliar a emoção que aquela cena nos passava e eu fechava os olhos para não deixar cair as lágrimas. Os médicos aproximaram-se deles e os tomaram aos seus cuidados. Retiramo-nos, deixando-os sós. Tinham muito que conversar.

Recordando o seu passado, Karina era o reflexo da dor. Saímos, dirigindo-nos à sala de conferências. Desejei saber por que aquela garota me procurara.

— Sérgio, estamos em um trabalho sério, não vou dizer perigoso, porque com Jesus não existe perigo. Mas é um trabalho que nos pede muita renúncia e o irmão, às vezes, esquece que, mesmo sendo espírito livre, não lhe é permitido andar sozinho, como fez ontem. Sabemos que você se encontra preocupado com a sua avozinha, porém lembre-se de que ela está protegida pelo mentor daquele lar. E, sendo o irmão ainda muito ligado à Terra, pelo pouco tempo do desencarne, é a pessoa preferida dos irmãos servidores do Tongo. Não podemos proibi-lo de visitar os familiares, mas todo cuidado é pouco. Não se deixe levar pelas emoções. Graças a Deus, o irmão recebeu a visita de Alessandra aqui perto, pois os espíritos amigos o protegeram no seu lar e durante o trajeto até aqui.

— E se ela tivesse me aprisionado lá em casa, ia prejudicar os meus?

— Não, não é assim, mas você poderia tê-los levado até lá e algum desequilíbrio poderia ocorrer na família, se esta não estivesse ligada ao Evangelho. Quanto a ser raptado pela garota, nada posso dizer, não conheço este pormenor. Mas...já imaginou, Sérgio? — esta última frase ele já a disse sorrindo, misteriosamente.

Rimos também e isto desanuviou minhas preocupações.

Enoque projetou para nós a vida daquela menina. Com quatorze anos iniciou a briga em família: o pai a prendia, não a deixando ter turmas; a mãe, não sabendo que posição tomar, ficava desesperada e mentia, para proteger a pequena. E ela foi-se afastando do pai e da mãe. Do pai, pela dureza, da mãe, pela fraqueza. Sentia-se, então, importante entre colegas que riam e aplaudiam suas brincadeiras, às vezes bem cruéis, mas, para eles, "um barato". Assim, ela foi levando a vida distanciando-se cada vez mais do lar. Fora dele, encontrou o sexo, o furto, as trapaças, o tóxico e a morte. Fez de tudo e um dia em que o pai a encontrou drogada no próprio lar, foi agredido por ela e teve um enfarte. Ela nem ligou. "Tudo o que faço de ruim — dizia ela — a droga me faz esquecer". Foi então que, com uma dose excessiva de picadas, desencarnou, sendo esperada pelos amigos do Tongo como corajosa irmã de trabalhos.

Pensativo, sentado com a mão apoiada na fronte, eu presenciava o inacreditável naquele filme: a vida de uma jovem, dos quatorze aos vinte e três anos, bem movimentada, bem vivida, isto é, com experiências dignas de um marginal. Notei que, ao meu lado, Karina chorava baixinho, disfarçando. Alisei os seus cabelos, dizendo:

— És muito querida por nós, sabes disso. Todos nós temos um passado a pesar na nossa consciência, mas hoje estamos lutando para apagar todas essas lembranças e nos tornarmos melhores; como nós, ela também vai sarar e mais tarde nos ajudar. Confia em Jesus e em Francisco de Assis, que trabalham para combater a droga.

— Tens razão — falou limpando os olhos — ninguém é tão mau que não se salve; a essência de Deus tem de florescer.

Karina tinha vivido naquele mundo de Alessandra e ninguém melhor do que ela para orar por todos os prisioneiros da droga.

Senhor Jesus, irmão de todos os dias e de todas as horas. Necessitamos de Ti, amigo dos pobres e estropiados do caminho. Tu disseste, Senhor: "não convides os teus parentes e amigos e, sim, os pobres e estropiados para a tua mesa", e estes somos nós, os viciados, os dependentes de qualquer vício, pois maltrapilhos estamos, tendo as vestes marcadas pelas dependências que acumulamos em nós. Hoje, Jesus, prostrados aos Teus pés, imploramos perdão a Deus, se não soubemos usar o nosso livre-arbítrio e prisioneiros ficamos das trevas. Mas Tu, que és luz e desceste aos infernos, conhecendo os umbrais, sabendo que o ranger de dentes são os remorsos das nossas consciências culpadas, possuis a bondade para transformar nossas consciências em esperança de Te servir. Ampara, Senhor, os doentes do corpo e da alma, que ainda não Te enxergam. Perdoa-os, eles não sabem o que fazem porque estão a destruir muitas vidas — não só a deles, como muitos pensam, mas a vida em todo o Planeta, que necessita de todos para sobreviver na paz e no amor. Senhor, como Madalena, a quem perdoaste os pecados, oferecendo-lhe a mão, espero eu, uma alma também pecadora, receber a Tua e, apoiando-me nela com força, segurar outras mãos que desesperadamente se debatem nas picadas e nos baseados da vida. Ajuda-nos, Senhor, pelo amor de Deus. Nós precisamos de remédio e de amor, não de críticas e de pancadas. Ampara, Senhor, os homens para que eles compreendam que os doentes precisam de médico e os pobres e estropiados necessitam banquetear-se nas mesas onde o pão do Evangelho se faz presente, não lhes negando o direito de salvação — o pão da vida eterna. Assim seja.

Terminada a prece de Karina, estávamos mudos pela emoção. Aquela bela jovem, possuidora de um coração bondoso, carregava um pesado fardo: o remorso. Não podia imaginá-la destruindo seu próprio lar, abandonando-o para seguir as falsas pegadas. E perguntei a mim mesmo: "Senhor, até quando os homens vão ignorar a droga?" Nada pior para destruir uma sociedade, nada pior para atrasar o progresso de um país, no entanto, ela cresce, cresce, cresce. Se ontem nós tinhamos medo do inferno, hoje não temos medo de jogar o próximo nele. As religiões precisam orientar os seus seguidores, dando aos jovens a certeza de uma vida eterna; dizer-lhes que tudo é catalogado no nosso livro de atos, e se estes são maus, a conta a saldar é longa e penosa.

Sara convidou-me:

— Sérgio, vamos até o vídeo para observar mais alguma coisa, isto é, lá na sala de projeção (onde pude constatar que ela era uma das técnicas).

Entrando na câmara, foram projetadas as cenas de vários pontos-chaves da traficância e até da dependência da droga. Irmãos, ninguém pode imaginar o horror! É um mundo terrível, pobre e sujo. Se os pais sonhassem com tudo o que está a se passar na vida de certos jovens, buscariam o Evangelho de Jesus, tentando salvar os filhos.

Ficamos muito tempo ali, vendo tudo aquilo. Não pude conter-me; meus olhos estavam marejados de lágrimas pela tristeza e pela apreensão. Chorei. E Sara nada fez para consolar-me. Depois, falou:

— Sabia que tu te encontravas tenso, sendo necessário este desabafo. Somos ainda muito apegados às emoções e se eles, os espíritos mais tarimbados do que nós, muitas vezes são surpreendidos com os olhos lacrimejando, imagine eu, você e Karina, que ainda cheiramos a pó da terra! É normal que nos entristeçamos por presenciar o decair da juventude, porque ela foge dos cultos religiosos, chamando-os de caretas.

— Não sabia, Sara, que você tem pouco tempo de desencarne. Acho-a tão segura de si. Fico envergonhado, mas não sei esconder meus sentimentos. Tudo me deixa ainda emocionado. Um dia desses, Sara, procurei Ocaj. Estava triste e sem saber o que fazer. Não é fácil trabalhar com os encarnados, nesse tipo de serviço que estamos fazendo. Nós convivemos com eles e não podemos nos envolver. E quantos deles, julgando-nos santos, pedem-nos milagres, chamam-nos, desesperados, a cada instante. Há os que nos solicitam para encontrar objetos perdidos, que cuidemos das crianças, das casas, e que abrandemos os maridos nervosos. Pedem-nos, ainda, que nos tornemos médicos para curar desde a cachumba até a dor de barriga...

Sara estourou de rir.

— É isso aí, cara, a vida tem dessas coisas. É dando que se recebe. Temos de oferecer a eles, através dos livros da Doutrina, os esclarecimentos que lhes faltam. Pena é que muitos que se dizem espíritas não encontram tempo para saborear e elucidar os seu espíritos com os livros da Codificação, e dos outros filósofos, procurando compreender o que vem a ser a Doutrina que nos coloca em comunicação com o plano espiritual. Só assim os espíritos serão respeitados como seres em evolução ainda, apesar de desencarnados, portadores de muitas imperfeições. A mudança de Plano não nos torna santos. Luiz, faz dez anos que desencarnei. Nasci no Rio de Janeiro, filha de israelitas. Desde cedo rejeitava os ensinos dos rabinos, e, sem orientação, perdi-me também em turmas de embalo, desencarnando por acidente de automóvel. Estava iniciando na droga, usando ainda só o baseado. Fumava há três meses apenas, quando fui retirada, por benção de Deus. Meus pais quase enlouqueceram. Até hoje estão inconformados, ignorando que, morrendo para o mundo, encontrei a vida, pois caminhava para a verdadeira morte. A droga começara a me fazer dependente, pois estavam sendo aumentadas as doses. Já fumava em casa, junto aos velhos, antes mesmo de ingerir qualquer alimento. Dirigindo em excesso de velocidade, tendo a "cabeça feita" com alguns cigarros, vi-me só, depois de muito tempo, perambulando na mais terrível escuridão.

— Você esteve no Umbral?

— Muito pior! O que André Luiz conta é pouco — tudo ele não pôde contar, virá com o tempo. Logo depois do impacto, do choque do acidente, vi-me esmagada pelos destroços do automóvel, gemendo e chorando. Pedia ajuda a todos os que de mim se aproximavam, mas eles, sentindo que eu me encontrava drogada, aproximavam-se somente com a intenção de sentirem também os efeitos da droga. Eu gritava desesperadamente e de nada mais me recordo. Ali, sim, eu morri. Paguei muito caro as lágrimas, as noites de ansiedade dos meus pais. Paguei, Luiz Sérgio, a indiferença pelas coisas de Deus, pois nem rezar sabia. Brinquei muito com os sentimentos do próximo. Considerava-me um crânio, culta, bela e rica. Sempre obtive os primeiros lugares, entrando na faculdade com dezessete anos. Cursava Engenharia Eletrônica e era a melhor aluna. Para você imaginar melhor, nem a droga retardou o meu raciocínio. Quando entrava no meu carro, o mundo era meu, corria alucinadamente. Gostava de mexer no motor, enfim, com tudo que fosse de mecânica e eletrônica. Enjoavam-me os pobres e a ignorância me causava pena. Irmão, por tudo isso, durante cinco anos sofri, penei, perambulei de antro em antro. Fui dominada pelos chefes das organizações de desencarnados e levada à Crosta para incentivar os meninos e meninas a entrarem nessa. Mas como tudo tem um fim, o meu dia chegou, através de uma alma boa e humilde. Na faculdade, sempre era bem tratada por um velho empregado, e isso me cativou a ponto de ser respeitado e admirado por mim.

Esse homem, apesar de pobre e humilde, oferecia-me lições de vida de alto nível, fazendo-me pensar em algo superior a nos reger. Um dia, já desencarnado, foi tirar-me da zona do desespero. No início virei-lhe as costas, envergonhada, mas logo me vi tocada pelo que ele me dizia. Contou-me muitas coisas: foi espírita na Terra durante quarenta anos exercidos com muito desprendimento. Desencarnando um ano após a minha passagem, não desistiu de lutar para levar-me a Jesus. Só posso dizer, amigo, que aqui me encontro, esforçando-me para ser útil, a fim de apagar as manchas do meu passado.

— Obrigado, Sara, pela lição dada a todos nós que, às vezes, sentimos que não vamos atingir um ponto mais alto na vida, fraquejando, lamentando as imperfeições. Seu relato nos toca profundamente por conhecermos hoje o seu trabalho, sua luta em favor dos nossos irmãos infelizes.

— Irmão, obrigada. Foi muito bom também desabafar com você. O caso Alessandra mexeu no meu ponto fraco: o remorso.

— Gosto muito de você. Você é um barato, boneca!

Já ia retirar-me, quando ela me inquiriu:

— E você, querido, por que trabalha nisso? Também puxou fumo?

— Sim, irmã, só que eu puxei do mais fraco o "rebenta-pulmão", do qual graças a Deus aqui nem senti falta. Sabe, irmã, se nós, na carne, soubéssemos o mal que o simples cigarro nos ocasiona nunca o colocaríamos na boca. Ele me atrapalhou muito quando desencarnei. Tive o perispírito fortemente afetado, produzindo uma espécie de entorpecimento psíquico, prolongando o estado de perturbação. Como sabemos, ele, o cigarro, afeta a cortina de proteção e isolamento existente entre o corpo físico e o perispírito. Se desejamos evoluir devemos abandonar também este triste vício, tudo o que nos traz dependência atrofia em nós a liberdade. Ainda bem que foi só o cigarro comum. Dos males, o menor.

— Espera, Sérgio. Vou com você procurar os outros.

Desligou os aparelhos e saímos dali irmanados pelo coração.

— Sara, como é importante morrer e nascer. Já imaginou se nós não tivéssemos a reencarnação? Se tudo fosse contado e jamais perdoado? Deus é bom demais — o perdão existe e se chama reencarnação.

— Já foi à Colônia dos Miosótis, onde religiosos mantêm um hospital para toxicômanos? É algo belíssimo, o paraíso do amor! Vemos ali espíritos bons e amigos cantando, ensinando e levantando entidades deformadas. Foi lá que encontrei Jesus.

— Não tive ainda permissão para conhecer toda a colônia, Sara. Estive lá duas vezes apenas, de passagem. Espero um dia ser convidado a visitá-la.

Deparamos com vários espíritos sofridos e ansiosos esperando pacientemente, sentados no pátio do Centro, a hora de serem atendidos. Agradeci a Deus o conhecimento da doutrina iluminada de Jesus. Só Ele, por amor, legou aos homens o Consolador que nos dá condição de trabalhar nos dois mundos.

Capítulo 14

IMPORTÂNCIA DO ESTUDO DA CODIFICAÇÃO EM FAMÍLIA
A FAMÍLIA ESPIRITUAL
MISSÃO EM UM REFORMATÓRIO

Filhos educados com o Cristo, dentro da caridade franciscana, dificilmente se perdem. Hoje, a liberdade é encarada erradamente pelas famílias; os pais, não desejando preocupar-se com os filhos, soltam-nos, dando-lhes a oportunidade de incorrer em faltas graves. Jovens, meninas, julgando-se com a cuca livre, enchem-na de vento. Resultado: esta se funde completamente, vindo as desilusões e os fracassos.

Os jovens com orientação familiar religiosa, evangelizados, são possuidores de uma base firme que se chama amor. Existem grupos de trabalhadores jovens, encarnados, empenhados na recuperação dos doentes do tóxico. Se os pais imaginassem o perigo que um adolescente corre, cercá-lo-iam de atenção e carinho, não lhe dando a oportunidade de se perder.

Encontrava-me incrivelmente sofrido por presenciar cenas tão deprimentes com aqueles irmãos, esperança do amanhã. Também pelo fato de constatar que alguns, que se interessam pela Doutrina, o fazem com intenções não muito gratificantes. Querem a ajuda dos espíritos para encontrar objetos perdidos, atravessar ruas, cuidar de marido infiel, comprar automóvel, ganhar na loteria e um número infinito de solicitações, enquanto, muitas vezes, seus próprios filhos estão sendo socorridos pela Espiritualidade.

Irmãos, a Codificação[15] estudada em família, com os filhos orientados pelas belas obras espíritas, dificilmente permitirá que eles se entreguem às entidades das trevas. Casa limpa, ambiente saudável. O verdadeiro espírita exemplifica o Evangelho, fazendo os outros amá-lo através dele.

— Você é de família espírita, Luiz? perguntou-me Sara.

— Não. Minha família não era espírita praticante na época em que eu vivia na carne. Hoje ela tenta, mas somos aprendizes ainda. Meu avô materno foi médium praticante, por isso minha mãe teve conhecimentos espíritas. Agora, graças a Deus, eles têm certeza de que o Espírito é imortal. O "papai" aqui tem procurado médiuns que nunca me conheceram no corpo físico e até receita de rabanada de Natal, de família, tenho oferecido daqui do Plano Espiritual. Duvidar, como?

— Eles o ajudam, Luiz?

— Muito. Espero que ainda mais, fazendo caridade, alimentando, vestindo alguém e aceitando os erros dos outros. Esperarei. Tenho a certeza de que minha família não me decepcionará.

Sara, mudando de assunto, comentou:

— Agora nós nos conhecemos bem. Ainda não tínhamos tido oportunidade de travar contato como o fizemos hoje. Foi um prazer encontrá-lo, amigo. Espero que sempre possamos estar juntos. Gostei muito de você; é franco, garoto e adulto, e como falamos na Terra — um barato!

Despediu-se e saiu. Não perguntei para onde. Fiquei sozinho, longe dos amigos de trabalho, embora, junto ao Cen-

---

15. *O Livro dos Espíritos*, *O Livro dos Médiuns*, *O Evangelho Segundo o Espiritismo*, *O Céu e o Inferno* e *A Gênese*.

tro, existisse movimentação normal, um vaivém constante de espíritos desencarnados. Aproveitei o instante para observar e admirar o trabalho de alguns irmãos, preparando o local para os serviços que ali seriam realizados. Os encarnados comparecem a uma Casa espírita sem sequer imaginar a atividade dos amigos espirituais. Acompanhei um grupo que se dirigia a uma sala para onde eram levadas entidades muito machucadas. Ofereci-me para colaborar com eles e aceitaram de pronto. Aquele era o local da sessão de cura de encarnados e contava com moderno equipamento cirúrgico, com tudo o que se pode necessitar em operações de emergência. Não me demorei a observá-los por respeitar aquele trabalho tão belo e que não me pertencia. Ajudei a transportar objetos de um lado para outro e estava felicíssimo por participar daquela preparação. Já ia-me retirar, ao terminar minha parte, quando aproximou-se de mim um senhor de uns cinquenta anos. Apertou minha mão e falou:

— Obrigado, amigo, e apareça sempre. Todas as semanas estamos aqui procurando ajudar os encarnados.

— Como não! Se não for indiscrição, gostaria de saber como funciona uma sala de cura na Espiritualidade.

Convidou-me a acompanhá-lo a uma saleta contígua e lá conversamos.

— Irmão Luiz Sérgio, Jesus, o Médico dos médicos, preocupado com a saúde dos seus irmãos, a cada instante oferece-nos o remédio, e mesmo sendo este por nós desprezado, congrega entidades capacitadas para curar, restaurar e aliviar os perispíritos doentes. É um trabalho simples, mas no qual os médiuns que participam precisam estar munidos de muito amor e humildade. Uma reunião destinada a esse fim pede a cada obreiro, não sacrifícios, mas, sim, renúncia e amor. Muitas vezes levamos o doente até um hospital da Espiritualidade, desprendido durante o sono. Lá, ele é tratado pelos médicos espirituais, apenas necessitando completar o tratamento aqui na sala de cura. Você presenciou um pouco das nossas atividades. Logo mais irão chegar outros aparelhos e quantas vezes estes sofrem sérios danos pelo ruído provocado antes e depois de uma sessão. Os aparelhos são muito sensíveis. Ficamos tristes quando não encontramos condições de trabalho por causa das conversas, da impaciência, do barulho com as cadeiras, da vaidade de alguns de pertencerem a este ou àquele grupo, entre outros motivos. Não compreendem que esse é um trabalho como qualquer outro. Até a cólera percebemos! Convido o irmão a nos visitar em outra oportunidade para observar o que se passa em uma sala mediúnica preparada com essa finalidade.

Agradeci e disse, abraçando o irmão:

— Se for permitido, vou tentar trazer alguém aqui, muito necessitado.

— Estamos às ordens. Temos a certeza de que a dirigente encarnada não colocará obstáculos. É a obreira sincera da Doutrina.

Saí, muito feliz. Como, Pai Amado, poderemos agradecer tanta benção? Não somos dignos e recebemos tanto! Só um Pai faz pelos filhos o que Deus nos dá a cada instante. Pena é que somos cegos para as dádivas divinas.

Ao dirigir-me ao alojamento, encontrei Karina.

— Sérgio, onde te meteste? Estávamos preocupados, pensando que o Tongo te tivesse raptado.

— Corro esse perigo?

— Não só tu como todos nós que trabalhamos contra as dependências alucinatórias.

— Cruz credo! — bati três vezes, brincando com a querida Karina.

Ela riu e acrescentou:

— Estás feliz hoje, o que foi, viste a família?

— Sim, estive esse tempo todo apreciando minha família e, como nunca, dei graças a Deus por possuí-la.

— Luiz! Não me digas que saiste daqui e foste ao teu lar sozinho, sem os amigos que nos guardam. Não faças isso, querido!

— Calma, Karina, eu não saí daqui. Admirava a nossa família espiritual, a família que Jesus nos ensinou a apreciar, a família verdadeira. E como aprendi a amá-la!

Ela parou, fitando-me com aqueles olhos claros e belos, e me abraçou bem forte.

— Querido, como é bom você falar assim. Somos ainda aprendizes e nos envolvemos com os problemas familiares e estes, às vezes, fazem-nos muito mal. Ver-te tão sereno me faz muito feliz.

— Menina, quando voltarmos à Terra vou pedir para casar com você.

— Tinhas de estragar tudo com as tuas brincadeiras — falou rindo. Vamos, garoto levado, até o Enoque. Ele nos espera junto com os outros. Vem trabalho, e dos fortes!

— Ainda bem que estou preparado para tudo. Mas na hora que a coisa apertar você me salva, Karina?

— Não! Quem salva é Ele, só Ele — Deus. Mas Jesus sempre está perto para nos dar forças, permitindo que Deus esteja em nós.

Dois jovens éramos nós, lutando para acertar, dois jovens em dimensões diferentes, com as mesmas saudades, os mesmos sonhos de esperança e alguns remorsos na consciência, dois jovens trabalhando pelo futuro de outros jovens.

Chegamos. De fato, Enoque nos esperava com os outros. O “Raiozinho de Sol”, como o chamamos, porque ele entra em qualquer lugar onde a escuridão dos vícios aniquila e mata um jovem, dirigiu-se a todos nós, explicando:

— Já que nos encontramos reunidos, amigos, vamos antes de tudo fazer uma prece agradecendo a Deus a confiança em nós depositada. Hoje, recebemos uma graça: unirmo-nos a uma irmã que há muito se encontrava perturbada, ligada aos dependentes do vício. Eles lhe forneciam as doses que desejava e isso a impedia de saber que já havia deixado o corpo físico. Auxiliados pelo Mais Alto, pudemos fazer o reencontro de pai e filha. Eles já foram encaminhados para os locais que lhes vão proporcionar tudo o que for necessário ao seu refazimento. Uma preocupação a menos, uma jovem que encontra o caminho de Jesus — a Salvação. Mas agora, amigos, iremos até um reformatório, onde a juventude sem lar precisa de nós, do nosso amor e da nossa compreensão.

Confesso, ao ouvir isso, que um frio me atingiu e cheguei a me arrepiar todo, não sabendo se o meu coração iria aguentar as tristes cenas que iria presenciar. O abandono sempre me causou mal-estar. Não posso imaginar alguém vivendo sem o aconchego de um lar.

— Não vamos dramatizar — continuou Enoque — o que vamos fazer é um trabalho como os outros, com irmãos mais carentes.

Samita e Sadu não se encontravam ali. Os dois, como médicos, ficariam no Centro para auxiliarem no trabalho de cura. Carlos, também médico, iria nos acompanhar para atender alguém que necessitasse de tratamento.

Fui designado para fazer a prece. Fechei os olhos, imaginando um campo bem verdinho e junto ao capim flores de todos os matizes balançadas pela brisa, o céu azulado, com nuvens brancas que se movimentavam suavemente. Depois desta sintonia com o Alto, iniciei a oração:

Nosso Senhor Jesus Cristo, Irmão Amado e Amigo, estamos sentindo Vossa presença junto a nós. Clareai-nos os olhos para podermos enxergar a beleza dos Vossos ensinamentos. E, ao nos recordarmos, escutamos a Vossa voz, dizendo. "Deixai vir a mim as criancinhas". Delas, Senhor, lembramo-nos, pedindo que sejam socorridas onde estiverem as crianças que ficam sozinhas nos lares, para que os pais trabalhem, nas creches, onde as mães as deixam para poder ganhar o sustento, aquelas, Senhor, que perambulam pela cidade, famintas e maltrapilhas, os pequenos engraxates, os guardadores de carros, as crianças que são alugadas para a mendicância, aquelas, Senhor, que convivem com o crime, tornando-se olheiras em tenra idade, as asiladas, que recebem roupas e alimentos, mas a quem falta carinho; os meninos dos esgotos, das pocilgas, os que desde cedo são levados aos vícios; não esquecendo, Senhor, as casas de correção de menores, onde estes, famintos de amor, encontram desde cedo a dura realidade da vida. Senhor Jesus, pedimos por todos, crianças e jovens, principalmente pelos delinquentes que matam e roubam. Ajudai, Jesus, a juventude sadia, dando-lhe forças para lutar contra as críticas e ironias daqueles que já se esqueceram de sorrir de felicidade. Jesus, estão embaraçando as Vossas crianças. Desde cedo, elas são convidadas a participar das violências dos filmes, das vaidades familiares, para não falar, Senhor, das revistas que matam a inocência. Jesus, segurai as Vossas crianças com força. Não deixeis, Senhor, o vendaval da perdição asfixiar estes entes pequeninos. Despertai, Senhor, os adultos, para melhorar a vida das crianças e dos jovens. Assim seja.

Terminada a prece, preparamo-nos para sair, não sem antes sermos advertidos por Enoque:

— Irmãos, lá não vamos para criticar, e sim para ajudar.

Não sei por quê, não desejava ir. Então, ele se chegou a mim e disse:

— Luiz Sérgio, o mundo é de expiações e a maior prova de amor que damos aos que se encontram nele é ajudá-los a vencer as dificuldades.

— Sim, Enoque, mas não tenho a sua evolução e a dor ainda me machuca, principalmente a das crianças.

— Estes que hoje se encontram confinados em casas de correção ontem também aprisionaram e torturaram seus irmãos. É a lei do retorno. Agora temos de ajudá-los, fazendo desses recantos escolas de bom aprendizado. Vamos, irmão, e faça tudo para auxiliá-los sem pena, mas com muito amor.

— Enoque, como consegue viver há tanto tempo nesse trabalho? perguntei.

— Com o Cristo, Ele é a nossa força. Deixe que Ele o fortaleça, deixe, amigo.

Abracei-o bem forte e agradeci a Jesus ter voltado e encontrado amigos.

Capítulo 15

IRMÃ ROSA, DOCE E MEIGA, JUNTA-SE AO GRUPO
INÚMERAS LIÇÕES PARA SE MEDITAR

Éramos os caminheiros do mundo espiritual. Encontrávamos irmãos encarnados e estes ignoravam nossa presença, passando indiferentes por nós. Quando transpúnhamos o portão do Centro Espírita, veio até nós a irmã Rosa, uma querida trabalhadora da Colônia dos Miosótis. Esta irmã luta não só contra o tóxico, como contra qualquer dependência. É muito jovem ainda e possuidora de uma beleza de difícil descrição. Veste ainda o hábito de religiosa e carrega no peito uma cruz tosca de madeira na qual, parece-nos, foram concentradas todas as luzes existentes. Enoque fez a apresentação e ela, sorrindo meigamente, disse:

— Já nos conhecemos, mas hoje precisamos ficar mais unidos para o fortalecimento dos nossos trabalhos.

Pensei: "por que levar uma freira para lugar tão triste?"

— Ela tem o Espírito tão meigo, respondeu Enoque, que logo se transforma em nossa mãe, irmã, tia, avó, enfim, num pedaço de cada um. E lembre-se, Sérgio, de que, desses tristes lugares, o amor maternal passa longe.

Notei que ela levitava e nessa leveza dava-nos alegria, esperança, vontade de correr, de brincar. Era o céu na terra, era a luz nas trevas, ela, a irmã de todos nós. Principiou a cantar o hino da Colônia dos Miosótis e nós a acompanhamos alegremente. Se os encarnados pudessem apreciar, pensariam que nós nos dirigíamos a um piquenique, diante de tão exuberante contentamento.

Chegamos defronte a um pesado portão, onde guardas se postavam à frente. Imediatamente, senti algo que me asfixiava e pude perceber que a vibração do lugar era pesada demais. Irmã Rosa convidou-nos à prece. Depois que oramos ao Senhor, parados à entrada, encontramos forças para penetrar naquele lugar, para mim bem estranho. Vimos vários garotos deitados no pátio tomando sol, crianças ainda, com fisionomias tristes e machucadas pelas dores. Enoque indicou-nos um dos jovens que falava baixinho aos outros do grupo. Com um aparelho que tirou do bolso, ampliou a voz do garoto e nós todos pudemos ouvir o que dizia.

— Caras, o presente chega hoje. Precisamos da grana. Temos de fazer algo. Hoje, um da turma tem de romper as amarras e escapulir para pegar alguns otários e, depois da festa, trazer as muambas e o cheiroso. Agora, ai daquele que gostar dos ares lá de fora e ficar dando sopa para ser grampeado e na hora da raia dedurar-me. Ai dele!

Os outros menores escutavam com olhar de muito respeito e, com isso, pudemos perceber que ele liderava ali dentro. Passados alguns minutos, procurei irmã Rosa, depois Carlos, e não os vi. Presenciávamos cenas que não dá para relatar e o mais assombroso é que, ali, junto daqueles meninos, uma legião de obsessores se deliciava. Eles eram presas de entidades inteligentes, ligadas ao passado de cada um em levantes e atos sanguinários.

— Isto é o inferno, tenho certeza — disse eu à Karina.

— Veja só, Sérgio, os encarnados falam tanto no inferno, no Umbral e mesmo entre eles presenciamos os sofredores e os abandonados em situação idêntica.

O mais incrível, entretanto, foi encontrar naquele meio um garoto que transmitia bondade e carinho. Lia uma Bíblia. Liguei-me ao seu pensamento e fiz a pergunta:

— Como consegue possuir uma religião neste lugar?

— Eles temem muito a Deus, respondeu; eles sabem que Deus castiga e nem chegam perto da Bíblia.

— E as outras doutrinas, são respeitadas por eles? continuei o diálogo mental.

— Sim, todos temem os espíritos, pois sabemos que eles são os demônios. Alguns aqui já têm até o corpo fechado e ninguém pode com eles. Eu não acredito. Só acredito na Bíblia, mas que tem coisa, tem sim.

"Meu Deus, estou ficando maluco, conversando sozinho, cruz credo" — pensou.

Fechou a Bíblia e saiu assustado. Eu observava que ali também se encontrava gente boa, só que muito sofrida. Entramos em vários departamentos e neles vimos irmãozinhos trabalhando, bem regenerados. Sorri, pois temia deparar com torturas e atrocidades e não ter forças para presenciar isso. Até já ia cantarolar, quando ouvimos um gemido. Corremos, eu, Karina e Sara para verificar, e qual não foi nossa surpresa quando vimos um irmãozinho ser espancado pelo próprio companheiro, e como! As mãos de Karina e Sara seguraram fortemente as minhas e oramos. Nisso, chegou a irmã Rosa e, interferindo na briga, conseguiu separar os dois. O agressor perdeu o equilíbrio e escorregou, batendo com o braço em uma mesa, dando ao outro oportunidade de correr. A Irmã aproximou-se e lhe aplicou passes.

— Como estou ficando frouxo — disse. Só um tombinho e quase morri de dor. Com isso, deixei o cara fugir.

Saiu em disparada e nós com ele. Quando avistou o que apanhara, foi-se chegando e viu que ele estava sendo tratado pelos enfermeiros do estabelecimento, bem guardado por Carlos e Enoque.

— O que aconteceu? Foste atropelado por um trator? perguntou, cinicamente.

— Já íamos atrás de você, pois pensávamos que era uma das suas, apesar de ele inocentá-lo — falou um dos enfermeiros.

— Eu? Veja só! Vocês estão por fora! Precisam ter mais psicologia. Ele sempre foi meu amigo.

— Isso sabemos nós, amigo até demais, por isso você o maltrata.

O garoto cuspiu forte e saiu dali, como líder que tem de ser — pensava — o que bate sempre. Enoque o acompanhou. Não resisti e fiz o mesmo. Sentimos que ele — a quem vamos dar o nome de Euzébio — encontrava-se nervoso, sem desejar conversar com ninguém, mas aproximou-se dele o que tramava a saída dali para buscar dinheiro e lhe falou:

— Então, cara, você acertou o Dudu? E a lataria amassou muito? Dá ainda para consertar ou tem de ir para o recanto dos parados?

— Não brinque com coisa séria. Eu só mostrei a ele que quem entra nessa não pode sair fácil e ele está amolecendo em serviço. Vive dizendo que vê alma do outro mundo e que elas o aconselham a mudar.

— Então, o caso dele é sério mesmo. O melhor é contar para o diretor e dizer que o Dudu está ficando maluco. Agora, viver com você não é fácil, é de enlouquecer qualquer um.

O nosso Enoque, sentado, observava os dois líderes daquele lugar. Olhava-os fixamente e conversava mentalmente com eles. Começaram a se entreolhar, um tanto inquietos.

— Está diferente isto aqui. Sinto algo estranho, como se estivéssemos sendo espionados.

— Cara, suspenda a saída desta noite. Alguma coisa não está bem. Por que não consultamos o copo? Ele nunca falhou!

A essas ponderações de Euzébio, o outro aquiesceu:

— É mesmo. Vamo-nos reunir daqui a pouco e consultá-lo. Mas, não sei por quê, pela primeira vez estou pensando se não está na hora de mudar de vida. Se continuar assim, com o coração doendo, posso fechar o paletó. Já estou-me sentindo um presunto, e dos mais fresquinhos.

E saíram, conversando, distraidamente.

— Irmão — disse eu a Enoque — como consegue entrar em sintonia com eles? Como deve sofrer com isso, amigo! O que eles pretendem, pode dizer-me?

O oriental simples e alegre era, ali, naquele lugar, um homem sério e decidido. Respondeu-me:

— Luiz Sérgio, eles, daqui de dentro, estão em contato com traficantes. Existem aqui garotos treinados em fugas; vão buscar a droga e a trazem para cá. Guardam tudo bem seguro. É muito difícil descobrir isso, apesar de esta casa ser bem guardada.

— Mas, os guardas fazem parte disso?

— Não. Não sabem de nada. A coisa é tão bem feita que passa despercebida de todos. Nós sabemos, porque somos espíritos que trabalham nessa área.

— Esses dois garotos que são líderes, qual será o fim deles?

— Quando estiverem incomodando serão afastados e substituídos.

— Meu Deus! Que coisa triste! exclamei.

— Triste mesmo. E os encarnados não querem lembrar que a juventude abandonada é um problema social que agrava a situação de cada um de nós, queiramos ou não.

— Enoque, onde se encontram Karina e Sara? Vi tantos espíritos perturbados ligados aos irmãos daqui que temo pelas nossas meninas.

— Tem razão, vamos procurá-las, embora a Rosa perfume todos esses recantos.

Dirigiu-se para a enfermaria e eu com ele. Vários médicos haviam sido chamados: Carlos, Sadu, Samita e mais Frederico, de outra equipe. Todos estavam assistindo aqueles garotos doentes. Ficamos surpresos. Irmã Rosa cantava canções que eram uma maravilhosa anestesia, dando oportunidade aos médicos desencarnados de efetuarem o serviço. Havia quatro doentes por terem sido espancados pelos companheiros; um deles precisava urgentemente ser levado a um hospital, pois o rim se encontrava em péssimo estado, muito machucado.

Chegou a minha vez de agir e não vacilei. Aproximei-me de um dos enfermeiros e lhe pedi, com todas as forças do meu coração, que levasse o menino ao hospital. Disse-lhe que o doente, se ficasse, iria morrer e eles seriam condenados. Ninguém iria acreditar que as lesões corporais tivessem sido provocadas por briga entre eles. Eu falava, mas ele não escutava. Não desisti, repeti. "O povo lá fora vai pensar que vocês o maltrataram"... e fui falando. Aí, ele chamou os colegas e disse:

— Vamos levá-lo a um hospital. Aqui, a coisa vai-se complicar. Minha intuição está me alertando.

E aquele humilde homem tinha razão. A "intuição" que o estava orientando se encontrava aflita para que ele a atendesse. Enquanto isso, os médicos espirituais tentavam aliviar aquelas dores. Sadu chegou-se a Enoque e o alertou:

— Dificilmente este se salva se permanecer aqui e, aí sim, vai ser uma confusão aqui dentro; só que os inocentes vão ser acusados. Precisamos salvá-los. Vamos pedir socorro aos grandes laboratórios médicos da Espiritualidade.

— Tem razão. O primeiro passo o Sérgio já deu, através do enfermeiro. Vou falar como o diretor. Ele tem de aceitar levar ao hospital nem que seja só o que corre perigo.

Não vacilei. Corri com o Enoque para o gabinete, onde um senhor de cabelos grisalhos já se encontrava conversando com o enfermeiro e de forma alguma aceitava transferir o garoto para um hospital, intransigente nesse ponto.

— Vocês enlouqueceram? Os jornais vão-nos acusar de espancamento — argumentava ele. Eles não vivem aqui, não conhecem esses meninos, não sabem que a maioria é da pesada...

O enfermeiro não sabia mais o que dizer para convencer o diretor. Cheguei bem perto e falei do perigo de vida por que passava o garoto e, depois, dos inquéritos, do sensacionalismo que iria ocorrer. Ele estava desesperado, sem saber que atitude tomar. De qualquer maneira, era difícil a sua situação. Já estava desistindo, desanimado, quando percebi que o diretor estava com os olhos parados, como se desejando ver algo colocado atrás de mim. Segui seu olhar e vi a Sara projetando um filme na sua mente, com todos os acontecimentos que sobreviriam, caso o garoto viesse a falecer.

— Chama urgente a ambulância e vamos levar os machucados — disse, dando um salto da cadeira.

— Não, chefe. Só um está mal. Os outros foram somente simples arranhões, briguinhas simples.

— Ainda bem. Não há coração que resista a isto aqui.

Abracei a Sara com o seu aparelho.

— O que é a tecnologia moderna, hem? Até os pensamentos ela comanda. Obrigado, irmã.

Ao sairmos dali, surpreendemos os dois líderes escrevendo uma acusação falsa para os jornais. Chegamos junto deles e tentamos convencê-los a não fazerem aquilo. De repente, sentimos como se alguém houvesse ligado um ar refrigerado.

Uma brisa gostosa soprou. Surgiu nossa irmã Rosa, que se tornou tão material que os garotos saíram correndo desesperadamente, dizendo que tinham visto uma freira chamando-os. A carta, caída ao chão, logo foi desmaterializada pelos irmãos hindus, que ali estavam para nos dar cobertura.

Passei pela irmã Rosa, a bela religiosa, e bati carinhosamente em seu ombro. Ela, sorrindo, falou:

— Vá com Deus, irmão, e veja se consegue ajudá-los. São os mais infelizes e sofredores. Procure tirá-los da dependência da droga. Tornaram-se líderes, desconhecendo que todos aqueles que não lideram com amor caem nas trevas do egoísmo e tornam infeliz a vida dos outros. Não sabem que maior infelicidade irão encontrar no futuro. Liderar não é destruir. Liderar é exemplificar o amor e a paz.

Seguimos os dois e os encontramos conversando.

— Hoje as coisas não estão bem por aqui. Até espírito de irmã de caridade nós pensamos enxergar!...

— Não sei, não, mas aquela era santa, isso eu garanto. Estava com coroa e tudo!

— Cruzes, mas como é que nós estamos vendo santo? Isso é coisa do demônio, para nos dar medo.

— E o copo? Vamos ou não vamos conversar com nossos amigos? Até hoje eles nos livraram de frias. Eles são um barato!

— Acho melhor não chamarmos ninguém, só mesmo nós dois. O assunto é sério. Às oito horas, vamos nos reunir no banheiro e lá encontraremos nossos amigos, os espíritos.

Esperei com ansiedade esse momento, curioso para saber com quem eles falavam. Enquanto isso, encontramos os outros e presenciamos a ambulância levar o irmãozinho muito machucado. Pudemos ver os médicos espirituais dando-lhe toda assistência e pensei: "como a Terra pode desconhecer a ajuda que recebe a cada instante?"

Capítulo 16

UMA CONVERSA BASTANTE EXÓTICA MÃOS ENTRELAÇADAS EM ORAÇÃO

Continuamos por ali, assistindo a uns e outros em problemas menores, até que chegasse a hora designada pelos jovens. Quando chegou o momento — oito horas da noite — dirigimo-nos todos ao banheiro e lá estavam os dois, concentrados para receber as respostas às consultas que iam fazer ao copo. E qual foi a nossa grande surpresa ao perceber que havia uma fila para a comunicação pretendida. O semelhante atrai seu semelhante, e eles se afinavam com aquelas entidades endurecidas que ainda se contentam em fazer o mal. A morte do corpo físico não nos dá o direito de conquistarmos a santidade de uma hora para outra. Não obstante os garotos receberem a orientação de que necessitavam, estas não os impediam de direcionarem seus atos para o lado do mal.

Assistíamos àquela sessão sem que eles dessem pela nossa presença. Esperava ansioso o desenrolar dos acontecimentos, quando vimos Ocaj e Onor aproximarem-se, orando. Aí, maldosas entidades foram-se afastando devagar — confesso que não compreendi aquilo.

— A falange oriental — disse-me Sara — ajuda muito estes irmãos e os garotos a se reequilibrarem. Eles não enxergam os dois, mas a oração os toca por tê-la já escutado como vozes amigas, muitas vezes, a chamá-los para o Mestre Jesus.

O copo estava parado, mas Karina, com o pensamento o fez girar.

"Amigos, saiam dessa. Procurem fazer o bem. Não se comprometam tanto. A morte pode chegar a qualquer hora e o inferno existe, é a nossa consciência a nos acusar."

Os dois ficaram atônitos, não compreendiam nada.

— Ora essa! Nós precisamos saber o que devemos fazer para não sermos grampeados. Você conhece o nosso trabalho, mas hoje nós nos encontramos diferentes, não tão seguros como das outras vezes.

"E têm razão. O golpe vai ser descoberto. Nada fica escondido por muito tempo; vocês estão caminhando para isso agindo como agem e usando da violência sem necessidade."

— Você é espírito de padre?

"Não. Sou uma jovem que já se afundou no tóxico, já roubou e já matou os sonhos das pessoas e que hoje volta à Terra para abraçar aqueles que não acreditam no amor. Irmãozinhos, quando somos violentos, ou procuramos a droga, é por causa da nossa dureza de coração ou fraqueza. Desejo a vocês dois muita paz e peço que se salvem e não batam nos seus companheiros, porque se batermos hoje apanharemos amanhã. Cuidado, amigos, e boa sorte."

— Esta fala diferente, mas não é má. É só careta. Vamos pedir para vir um da pesada. Mulher é bicho bobo.

E continuaram concentrados, aguardando.

Realmente, novo espírito se apresentou e um da pesada — o nosso Enoque:

"Agora, que o céu escureceu e as primeiras estrelas cintilam, assim esperamos que, na vida de cada um de vocês, brilhem as estrelas da paz. Hoje, estamos vendo o espírito de cada um negro como a noite. Mas Deus, bondoso, oferece a cada filho a oportunidade de se erguer e brilhar. Temos a certeza de que os nossos amigos que hoje têm a alma escurecida pela mentira, pela violência, pelo roubo e pelo crime, encontrarão a paz que todos nós procuramos: o pobre, o rico, o forte, o fraco, o ofensor, o ofendido, enfim, todos os espíritos, sejam encarnados ou desencarnados."

— Puxa! Você fala, hem, meu chapa? Mas sermão, se fosse bom, os padres não tinham tanto trabalho.

— Responda para nós se a barra está limpa e se podemos atacar os trouxas esta noite.

"A barra está tão pesada que os irmãozinhos mesmo sabem, por isto estão perguntando. Conselho também se dá e nem resolve, mas as advertências ficam guardadas, isto se não a queremos escutar. Como aviso, posso dizer que dificilmente os irmãos vão voltar com vida se teimarem em sair daqui. Salvem-se, ainda há tempo. Boa-noite. Que Jesus os proteja!"

— Não, não vá embora! Joga a bomba e nem espera a explosão?

"Prometemos ajudá-los, mas se não me ouvirem nós vamos logo nos encontrar do lado de cá."

— Não brinque, espírito de uma figa, volte aqui já, e fale direito, como gente decente!

"Irmãos, boa-noite; nada como o sono para nos colocar frente à frente com a nossa consciência."

Aí é que foi interessante. Eles brigaram com o pobre do copo, discutindo com ele.

Nenhum espírito desencarnado iria ali conversar. Enoque fechou a comunicação e nos retiramos.

Não é possível escrever tudo o que presenciamos porque muitas páginas seriam necessárias. Este capítulo relata episódios passados em um reformatório de jovens para mostrar que ele existe; que ali moram crianças que sonham e padecem, que sofrem e se desesperam.

Silenciosamente, fomos saindo, depois de saber que o jovem recolhido ao hospital havia sido salvo e que o diretor iria abrir inquérito para apurar aquela agressão e outras sofridas ali dentro. Soubemos também que, no dia seguinte, os dois líderes iriam ser transferidos para um estabelecimento idêntico e outros viriam ocupar-lhes o lugar.

Já no portão, um velho guarda olhou para mim e perguntou:

— Você é o Luiz Sérgio, do livro *O mundo que eu encontrei*?

— Sim — respondi. Você me conhece?

— Ora, meu jovem, hoje, durante o dia, acompanhei o trabalho de vocês todos. Pena é que não podem ficar sempre aqui. Os outros não conheço, mas aquele é oriental — e apontava para o Enoque, pois vejo o turbante e a bela pedra.

Não pude conter o riso, pois na mesma hora Enoque passou a mão na cabeça procurando o turbante que nunca usa, apesar de ser indiano.

— Belo, muito belo — continuou ele. E a pedra, como brilha!...

Apresentei os meus amigos para aquele médium vidente e audiente. Parados, ouvimos o que tinha para nos contar. Ele havia feito o pedido para nos levar até ali. Trabalhando em um Centro, sempre nos via socorrendo os toxicômanos e orava a Jesus para amparar os "seus meninos", os meninos que ele amava e que só podia ajudar através da prece. Naquela manhã, quando nos viu entrar, chorou, agradecendo a Deus por tê-lo escutado.

— Aqui me chamam de louco, porque converso com os espíritos. O que vocês descobriram eu já falei para o diretor e ele vai transferir os garotos. Sei que não vai resolver, mas melhora. Tenho fé em Deus que em todos os lugares que abrigam crianças o Evangelho vai estar presente. Nos asilos, nos orfanatos, as crianças sofrem a falta de carinho e amor, mas dia virá que em todos esses lugares brilharão corações evangelizados, exemplificando a doutrina do Cristo.

Abracei com força aquele médium humilde e ele, emocionado, me falou:

— Sabe, irmão, tinha tanta vontade de abraçá-lo! Jesus é tão bom comigo!

A irmã Rosa segurou a mão do amigo e fizemos um círculo, orando — nós, os desencarnados, com aquele espírito ainda prisioneiro da carne. Pensei, então: "se ele falar a alguém que orou de mãos dadas com uma irmã bela, possuidora de suavíssimos olhos azuis, carregando no peito uma cruz luminosa, um baixinho invocado e já sem óculos, chamado Luiz Sérgio, com uma bela morena de olhos também azuis chamada Karina, com outra garota bela e meiga chamada Sara e com o nosso Raiozinho de Sol, garoto-sorriso, ele, o nosso irmão médium, será desligado daqui como louco — e tudo era tão real!" Convidamo-lo para a prece.

Senhor Jesus de Nazaré, filho do nosso amado Pai, ajuda-nos no caminho da esperança, faze germinar em cada coração uma flor de bondade, de paciência e de justiça. Dá aos homens que dirigem as massas a serenidade e o equilíbrio das grandes consciências unidas a Ti. Mestre Nazareno, cada chibata que Te abria as chagas, Tu, Poder e Bondade, as oferecias aos injustiçados e açoitados, e quando Teu Sacrossanto sangue cobria-Te o corpo cansado e dolorido, oravas ao Pai, pedindo perdão para todos os que usam a violência para aleijar, maltratar e matar. A dor que atingia o Teu coração Te fazia lembrar de Maria e pedias ao Pai por todas as mães que sofrem ao ver um filho preso, abandonado, condenado e maltratado. E quando, Jesus, nós Te encontramos na Doutrina Espírita Cristã, abraçamos-Te como o grande Pastor das

Almas. Pedimos proteção para todos os espíritos na carne e também por aqueles já libertos, mas que junto de nós precisam ainda trabalhar para chegarem à perfeição. Senhor Jesus de Nazaré, guarda-nos no Teu Sacrossanto Coração e livra-nos do perigo de ofendermos a Deus e a Ti. Assim seja.

Despedimo-nos do médium amigo e fomos embora. Sentiamo-nos cansados; presenciáramos cenas tristes, para não dizer pavorosas: o umbral dos encarnados, onde o ser não é respeitado na sua dignidade. Nós, quando vivemos no mundo, não gostamos de lembrar que junto a nós caminham mortos-vivos, criaturas sem a mínima condição de uma vida normal. E muitos de nós, privilegiados, nos esquecemos de que todos têm direito de viver e de ser felizes. Se repartíssemos as nossas alegrias com o próximo, o mundo sorriria.

Íamos silentes. Olhei a fisionomia de cada companheiro e percebi a tristeza e a preocupação por aquelas crianças que deixamos naquela casa.

Karina quebrou o silêncio:

— Amigos, até quando o ranger de dentes habitará cada consciência?

— Quando o Evangelho abrir todas as páginas e sair da letra morta para a vida do Espírito — respondeu Enoque. Só, então, o mundo deixará de chorar e sofrer.

— Que não demore muito; assim espero — frisei.

— Amigos, estamos quase no fim deste trabalho; logo voltaremos para as colônias, onde continuaremos a socorrer os nossos amigos necessitados.

— Sabe, Enoque, já estou com muita vontade de voltar. Chega de ver tanto sofrimento, lágrimas e tristezas e, principalmente, injustiças.

Todos me olharam assustados e percebi que havia falado sem pensar.

— Desculpem-me, amigos. Sou muito desastrado e não soube expressar-me.

— Luiz, as lágrimas, injustiças e tristezas são remédios que devemos agradecer. Se não temos o direito de renegá-las em nós mesmos, imagine nos outros. Devemos, sim, respeitá-las e tudo fazer para amenizá-las. Só isso. Jesus jamais afastou-Se de um sofredor. Sempre procurou aliviar as dores, sentindo-as no coração, pois era portador de muita sensibilidade. Já imaginou o que sentiu Jesus aqui na Terra? Vamos comparar: uma bela rosa sendo beijada pelo orvalho divino, acariciada pela brisa do amor, e logo esta mesma rosa sendo levada perto das labaredas de um fogo abrasador no qual as intrigas, os ódios, a inveja e a maledicência tudo desejam queimar. E ela, a mesma rosa, permanece bela, perfumada e amiga. Qual o segredo? Um só — a fé. Jesus era possuidor de uma fé profunda no poder de Deus. Ele lutou nos pântanos da vida e tirou das suas profundezas sementes contaminadas nos vícios, mas que, ao contato das suas Sacrossantas Mãos, foram transformadas em flores de bondade e carinho. Não vamos conseguir tanto, mas o pouco que conseguirmos já será uma aproximação de Jesus.

Agradeci ao Enoque a maravilhosa lição.

Capítulo 17

VELOCIDADE, BRINQUEDO PERIGOSO O VALOR DE UMA CÂMARA DE PASSES

Já estávamos perto do Centro, quando vimos dois carros disputando corrida. Paramos. Não sei por quê, ainda me aflijo quando a máquina passa por mim em disparada.

— Amigos — disse-nos Enoque — vamos acompanhar esses dois carros; tentaremos ajudá-los.

Não demorou muito e ouvimos uma freada forte. Os dois tentaram desviar de um obstáculo na pista, mas não houve tempo. Só ouvimos o estrondo da batida. Corremos, tentando ajudar. Os dois lá estavam, inertes, muito machucados. Olhei o velocímetro: tinha chegado ao máximo.

Afastei-me para respirar forte; sentia-me mal. Aquelas ferragens, o cheiro de gasolina e os corpos mutilados tontearam-me. Lutei desesperadamente para me reequilibrar, mas só o consegui depois de muito chorar, um pouco afastado do grupo. Uma carinhosa mão pousou no meu ombro, afagando-o. Era a irmã Rosa.

— Sérgio, vamos dar graças a Deus pelas tuas lágrimas, que neste momento desvanecerão as tuas lembranças do triste quadro do teu desencarne. De hoje para frente, o irmão não mais irá sentir medo, ou melhor, pavor de um desastre automobilístico.

Beijei aquela mão amiga e fui ajudar meus companheiros que davam assistência àqueles dois jovens. Pela vibração percebíamos que suas cabeças estavam feitas pelo tóxico: os dois encontravam-se doidões. Foi quando percebi uma coisa que me intrigou muito: Enoque, Karina e Sara, enquanto a irmã Rosa ajudava os Espíritos no trabalho do desencarne, procuravam desmaterializar os tóxicos que se encontravam em um dos carros. Não compreendi a razão, mas nada perguntei, indo auxiliar o desligamento perispiritual por já ter recebido na Espiritualidade lições para esse tipo de trabalho. Notei que, mesmo desencarnados, os jovens sentiam as dores das ferragens na carne. Os Espíritos abnegados aplicavam passes magnéticos e também ofereciam remédios para lhes aliviar os sofrimentos.

— Como fica este caso? perguntei. É suicídio ou chegou a hora?

— Damos os primeiros socorros, mas eles agora, mais que nunca, vão usar o livre-arbítrio. O desequilíbrio da consciência poderá levá-los ao Umbral; se usarem o coração, tudo fica mais fácil. Mas pelo trabalho que temos efetuado ultimamente, posso dizer a você que, neste tipo de desencarne, leva anos para o espírito libertar-se do corpo e da sensação do acidente. Todos os que abusam da velocidade e brincam com a vida não sabem que o perigo é muito maior do que eles imaginam. Veja a máquina que muitos sonham comprar, sacrificando, às vezes, até a família. Quando veem seus sonhos realizados, fazem dela um brinquedo, não sabendo que este divertimento está-se tornando cada vez mais perigoso.

— Irmãos, não podemos levar estes meninos para a colônia dos jovens? Lá eles não vão sofrer, tudo lá é amor.

— Luiz Sérgio, eles já estão sendo socorridos, mas não podemos entrar na casa dos outros sem o consentimento do dono. Se eles não desejarem nossa presença, nada podemos fazer. Só podemos orar para a ressurreição em Cristo.

Afastei-me daquele esclarecido Espírito e me aproximei dos meus jovens amigos, procurando o “bagulho”, que não era pouco, e nada mais percebi. Os três olharam para mim e perguntaram:

— O que foi amigo, por que está tão nervoso?

— Nada. Só que levei um grande susto. Não sei se podem me responder, mas por que esconderam a droga?

— Irmão, os "mortos" precisam de paz, assim dizem os "vivos", e não é justo a família chorar a separação dos seus e também de vergonha por ver o nome dos queridos filhos envolvidos em escândalo. Eles erraram, é verdade, mas como os doentes necessitam de cuidados, estes, nós os tomamos, destruindo algo que iria levar o caso aos jornais, perturbando o tratamento que eles vão receber na Espiritualidade.

— Desculpem, amigos, mas se vocês podem destruir a droga, por que não o fazem em todos os lugares?

— Falta-nos a capa do "super-espírito", respondeu Enoque, já rindo. E nós o acompanhamos, rindo também.

Irmã Rosa agradeceu nossa companhia e pediu para retirar-se.

— Irmã, por que não fica com a gente? É tão bom tê-la por perto, cantando e alegrando nossas vidas!

— Obrigada, amigo, mas a colônia necessita dos meus serviços. Hoje me foi permitido por ser o reformatório um lugar carente de amor e o instinto maternal que toda mulher tem dentro de si precisa ser utilizado em trabalho. Virei sempre, Luiz Sérgio, fique certo.

Alisou meus cabelos e assim fez com todos.

— Que bela irmã! exclamei.

— Uma rosa de pureza, o rouxinol de Deus — disse Enoque. Seus cânticos de amor são remédios que todos nós precisamos.

— Que bom seria se ela pudesse ficar junto a nós, não é Enoque? disse Sara.

— Sim, mas é muita pretensão nossa. O seu trabalho é outro.

— Não gosto de me separar de ninguém. Ainda sou muito imperfeito, falei.

Enoque fitou-me com aqueles olhos verdes e disse brincando:

— Veja só o menino! Contagiado ainda com a doença dos encarnados — "sou ainda muito imperfeito!" E colocou as mãos nos quadris. "Como se Deus não soubesse! Sai dessa, Luiz Sérgio, já está muito batida nas teclas das desculpas".

Agora ele imitava a minha fala apressada e nós estávamos nos esbaldando de rir.

— Só estás precisando dizer para ficar igual a eles: "estou arrebentando, não aguento de cansado, como a gente não para..."

— Como sabes que eu ia falar isso que você falou? Estou cansado, moído mesmo.

Ele bateu no meu ombro e esclareceu:

— Experiência com os encarnados. Então, estás cansado? — agora já estava sério.

— Sim, Enoque, estou podre de cansado. Chegando ao Centro, irei descansar. É-me permitido?

— Sim, amigo, é até necessário.

Avistávamos já o nosso recanto, onde armazenávamos energias. Quando lá chegamos, ele já se encontrava lotado. Ficamos observando as pessoas entrando e saindo. Se os encarnados eram muitos, os desencarnados ainda mais.

— Hoje é dia de desobsessão, por isso este movimento todo.

Sadu e Samita lá estavam, correndo de lá para cá, prestando assistência médica aos doentes dos dois planos.

— Como você vai descansar, Luiz Sérgio, nós nos despedimos aqui, pois vamos trabalhar — falou a jovem Sara.

Interroguei ao Enoque:

— Tenho condição de trabalho, apesar de me encontrar cansado?

— Se o desejar, sim. Deus oferece a cada um de nós forças e mais forças e estas são sempre aumentadas quando repartidas com os fracos. Venha, vamos pegar a charrua.

Irmãos, todos sonham em saber o que vêm a ser os umbrais, mas se esquecem de olhar uma Casa Espírita em trabalho, uma fila de hospital, um pronto-socorro, uma colônia de leprosos, um orfanato, um reformatório, uma creche de crianças pobres, uma favela de mendigos, um asilo de velhos. Nada disso está longe das zonas umbralinas. Ali encontramos de tudo: obsessões de desencarnados para encarnados e vice-versa; mulheres sofrendo agressão de obsessores, enfim, irmãos, muita tristeza. Se fôssemos tudo contar...

Aproximei-me de uma criança de três meses e pude perceber entidades vampirescas a sugar suas energias vitais. A criança era pele e osso. A mãe a protegia no colo. Com a ajuda Divina divisei três entidades que não deixavam a criança se desenvolver. Uma colocada no fígado, outra no intestino e outra no ouvido. Tendo sido levada ao médico da Terra, este lhe receitara muitos remédios para que ela se fortalecesse e se curasse, mas não foram conseguidos resultados satisfatórios. Iluminada pelo Pai, a mãe resolveu levá-la ao Centro e lhe foi indicado o tratamento de passes. Notei que todas as vezes que qualquer médium passava ao lado da criança — principalmente os videntes — uma espécie de capa protetora envolvia os desencarnados como a escondê-los.

Fiquei dando-lhe assistência sem me deixar ser percebido. Sabendo das minhas deficiências, procurei logo o médico oriental Sadu, que prontamente me atendeu. Auscultou-a e me falou, sério:

— Luiz Sérgio, temos de salvá-la. O caso é grave demais. Faça com que se aproxime dela um bom médium da Casa e vou ver se consigo dispersar os miasmas pesados que envolvem as partes afetadas, para ele poder enxergar os vampiros.

Pensei imediatamente: "mãos à obra. Mas como fazer para intuir um médium? Se ele for audiente tudo bem e bom trabalho, e se ele estiver preso aos próprios problemas?... Mas, vamos, lute para se fazer compreendido!"

Chegara eu perto de uma médium que me parecia apta, boa mesmo. Iniciei o diálogo:

— Amiga, ali se encontra uma criança necessitada de seus cuidados. Vamos ajudá-la?

A médium continuava pensando: "meu Deus, a que horas vou sair daqui hoje? Como há gente! Não posso chegar tarde. Meu marido vai ficar furioso. Só se eu pedir para sair mais cedo, mas esse povo daqui é incompreensível..."

Essa não dá, pensei. E procurei outro, iniciando a mesma conversa. Este, indiferente, nem olhava de lado, só fornecia o que já era muito para ele, o passe. Tentei fazê-lo ligar-se à criança e ele pensava: "não posso desviar a minha concentração; estou sentindo que há um espírito aqui desejando falar comigo, mas agora não é hora de comunicação".

Saí dali também, sem nada conseguir. Estava chegando o momento de a criança entrar na câmara de passes e o Sadu continuava aplicando os fluidos médicos. Vi, então, um senhor grisalho, compreensivo, e me aproximei dele. Percebi logo que me fiz visível. Sorri para ele e ele sacudiu a cabeça, cumprimentando-me. Iniciei o diálogo, falando do trabalho, no entanto ele me parecia indiferente. Nisso, a mãe entrou na câmara tendo Sadu ao lado. Senti-me arrasado pelo meu fracasso, mas não desisti. Falava, falava como louco com o médium e qual não foi a minha surpresa quando ele mandou retirar todas as pessoas da cabine, deixando só a mãe e a criança, iniciando um tratamento individual sério. Quando observei a sala, divisei uma legião de espíritos aplicando passes nos irmãos que estavam ligados àquele corpinho franzino.

Meu coração encheu-se de alegria por presenciar aquele trabalho. A mãe, nervosa, desejava chorar. Acariciei os seus cabelos e abracei-me a ela, procurando fazê-la ajudar também. Durante os passes reparei que só foi conseguido desligar um dos irmãozinhos: o do ouvido do bebê. Mas o médium pediu à mãe que voltasse sem falta no próximo trabalho. Falou até um pouco duramente para que ela compreendesse a seriedade do caso, advertindo que, se ela não continuasse o tratamento, sua filha correria o perigo de desencarnar. A mãe prometeu voltar e a câmara foi esvaziada e fluidificada para continuarem os trabalhos.

Ia-me retirando quando o médium amigo chamou-me:

— Irmão, obrigado pelo trabalho. Agora, não fique tão nervoso diante dos encarnados, eles não fazem por mal. Podemos não compreendê-los quando precisam de nós, mas lutamos para servir bem. Aconselho o irmão a tomar uns passes de reequilíbrio, pois o vejo muito nervoso.

— Eu também acho, amigo, e lhe agradeço o conselho.

Estendi-lhe a mão e não me contive, abracei-o forte, podendo perceber nele os olhos marejados de lágrimas, emocionado.

— Volte sempre, garoto, acompanhe o tratamento da menininha, você é de muito valor para ela. Volte, sim?

Prometi voltar e voltarei sempre até ver a criança sorrindo e se alimentando, feliz.

Quando cheguei lá fora, Sadu, que assistiu à cena, colocou-me sentado e disse:

— Vamos tomar um passe de reequilíbrio, seu nervosinho!

Sentei-me para receber o passe e ele, sorrindo, só fez estender-me a mão, acrescentando:

— Obrigado, companheiro querido.

Levantei-me e, abraçados, procuramos os outros. Vimos Enoque junto a uma jovem de aparência ótima para os encarnados, porém de um péssimo campo mental: a droga era para ela a grande companheira. Enoque e Karina acompanharam--na à câmara de passes; desejei ir também, mas Sadu, carinhosamente, impediu-me, dizendo:

— Agora, não, só podemos doar o que temos e no momento o irmão está precisando receber. Vamos descansar.

Quando Sadu falou assim, senti vontade de me deitar, tão cansado me sentia. Ele também não continuou trabalhando e eu ia perguntar por quê, mas ele mesmo me falou.

— Sabe, Luiz Sérgio, estou há três dias e noites direto, sem descansar. Recebi, lá na câmara, ordem para que nós dois repousássemos.

— Sadu, tenho-o como a um irmão querido e sei que você me conhece muito bem, portanto, amigo, desejo que seja sincero comigo. Não estou bem? Aquele médium me achou desequilibrado. Sempre fui muito impaciente. Será que não me excedi desejando ajudar aquela criança? Será que não fiquei gritando no ouvido daquele médium para me fazer compreendido? Aconselhe-me, Sadu, preciso educar-me como espírito; não quero que aconteça mais o que hoje me aconteceu; desejo educar-me, disciplinar-me, para os meus trabalhos.

— Tens razão, Luiz. Ficaste nervoso e impaciente e isto não é bom para o teu espírito. Mas já deste o primeiro passo reconhecendo que não devemos deixar-nos levar pelo nervosismo. Quando isso acontecer, pare, ore e brigue contigo mesmo, dizendo: "Luiz Sérgio, paciência, equilíbrio e disciplina", e verás que logo o teu espírito vai obedecer à tua consciência.

Não vais conseguir de pronto, mas acredito que o irmão terá recompensa.

Despedimo-nos. Ele foi para o quarto e eu me dirigi até o jardim: queria ver o céu e as estrelas. Precisava orar a Deus. Nisso, quem vejo! Meu avô aproximando-se de mim.

— Como vai, menino? Que Deus esteja junto a nós.

Conversamos demoradamente e pude saber muita coisa que está-se passando na minha família. Interessante, não fiquei nervoso com a notícia da doença da minha avó, recebi-a com tranquilidade. O vovô falou-me do meu trabalho e dos cuidados a tomar por todos aqueles que dele participam. "É um caso muito sério este que abala o mundo", disse-me, "a juventude espera a felicidade nos sonhos, esquecendo-se de que todos os que a querem conquistar dessa maneira até deixam de sonhar."

— Filhinho, procure ajudar sem se envolver, procure amar os familiares aceitando os desígnios de Deus, não olvidando que a vida dos nossos, assim como a nossa, pertence a Ele: o Criador. Não queira ajudar contraindo dívidas. Ajude, filho, mas ajude antes a doutrina de Jesus, que é amar a Deus acima de tudo, respeitando os mandamentos de Sua Lei. Não temos o direito de dificultar o progresso do Espírito, mesmo quando o seja através das dores, apegados ao amor familiar.

— Vô, já melhorei, você não acha? Já nem choro como antigamente...

— Filho, se antes os seus erros eram perdoados pela sua ignorância das coisas do Espírito, hoje não lhe são permitidas as mesmas falhas. Deus ensinou, através de Jesus, o amor aos familiares, respeitando-os como espíritos em evolução. Entretanto, não podemos, em nome da nossa família, cometer nenhuma injustiça e faltar com o amor a Deus e ao próximo.

Despediu-se de mim, o meu velho amigo. Fiquei olhando aquele Espírito, que tanto amo, sumir no jardim e procurei entrar no alojamento para descansar. Orei:

Jesus, fiel discípulo de Deus, abriga-me em Teu coração; ajuda-me e dá-me forças para vencer em mim mesmo os desequilíbrios de que o meu espírito ainda é portador. Ajuda-me, Jesus, a encontrar nos amigos que me cercam a força para aplacar as saudades daqueles que amigos meus são, pela convenção familiar. Ajuda-me a amar, sem posse e sem saudades, apenas amar como nos ensinaste quando abraçaste os humildes, chamando-os de irmãos. Ajuda-me, Jesus.

Capítulo 18

O ARSENAL DA MORTE
HINO DA COLÔNIA DOS MIOSÓTIS

Demorei a encontrar repouso. Preocupava-me a saúde da querida vovó. Mas, na manhã seguinte, já recuperado, encontrei-me com o grupo todo e perguntei à Samita:

— Irmã, sei que há muito trabalha como médica de socorro. Será que posso contar com você para ajudar uma pessoa da minha família?

— Todos nós estaremos junto a você.

Carlos também precisava dela.

— Samita, desejamos que você examine uma poção que descobrimos no organismo de uma jovem, durante o passe. É uma droga nova. É possível fazer isso?

— Como não? Sara me ajudará. Iremos à casa da médium que aplicou o passe na garota. Ela deve ter retido no organismo o que necessitamos examinar.

— Não será muito mais fácil procurar a garota? interroguei.

— Sim, de fato é mais fácil. Necessitamos, porém, para o nosso trabalho, dos fluidos de um bom médium. Se este ao aplicar o passe encostou-se no perispírito do encarnado, captou as suas vibrações pesadas. Isso facilitará, para todos nós, o exame do tóxico e das suas consequências.

Enquanto conversávamos sobre a jovem, de sua aparência bem cuidada e do terrível alucinógeno do qual estava dependente, Sara foi e voltou, trazendo os aparelhos necessários ao referido exame. Sorri à nossa amiga, louvando sua eficiência, e observei os modernos aparelhos médico-hospitalares que ela trouxera. Não posso descrevê-los, ainda não é tempo.

Sara também trouxera uma ampola muito pequena com um reativo amarelado, colocada em uma caixa forrada de algodão finíssimo. Encaminhamo-nos para o lar da médium e lá fomos recebidos por um espírito familiar que nos agradeceu a presença, pois sua protegida encontrava-se passando mal, vomitando e com muita tonteira.

O nosso Carlos imediatamente pediu licença e penetrou no apartamento. Nós o seguimos. Estava a senhora, pálida e enfraquecida, repousando em seu quarto. Devia ter aquela médium uns cinquenta anos de idade. Carlos colocou o dedo indicador na nuca da médium, fazendo contato vibratório. Nisso, a senhora tentou correr para o banheiro, mas não deu tempo: ali mesmo devolveu todas as impurezas estomacais. Para surpresa minha, Sara aparou o vômito em um vasilhame, que logo em seguida foi fechado, ou melhor, lacrado.

Sadu aproximou-se da senhora e aplicou, através de chumaços de algodão, um remédio por toda a sua pele. O resultado foi que a pele ia clareando e o algodão, antes branquinho, tornava-se cinza-escuro.

Compreendi logo a minha parte, procurando um copo com água para ser magnetizada pelos médicos. Inspecionei o apartamento e ouvi o som estridente que vinha de um quarto. Entrei e vi um rapaz de seus quinze anos, escutando música, ou melhor, desentupindo os ouvidos, tal o volume do aparelho. Sentei-me na cama e disse-lhe: “a mamãe está passando mal, precisa da sua companhia. Vamos levar para ela um copo com água fresca?”

Com o barulho da música naqueles ouvidos nem espírito desencarnado escutava. Voltei a falar com ele. Nada. Aí, também fui intuído por uma voz amiga, que me mandou cantar junto com a música, mas lhe falando da mãe.

Deu certo.

O rapaz abaixou o som, mexeu na agulha, olhou, revirou o disco e pensou: "mas o que aconteceu com a voz do..., ficou rouco e desentoado de repente! Acho que aqui tem coisa. Vou procurar a mamãe e contar a ela".

Desligou o aparelho e saiu à procura da mãe. Enquanto o seguia fui pensando: "será que tenho a voz tão ruim para esse garoto se assustar assim? É um caso a meditar..." Sacudi a cabeça e continuei a segui-lo. Quando ele viu a mãe tão pálida, esqueceu-se de contar o que o levara ali. Abraçou-a e lhe ofereceu água, sendo isso mesmo o que eu queria. Acompanhei-o até a copa e desde ali iniciamos a fluidificação, completada pelos médicos amigos.

— Filho, passei tão mal, que nem pode imaginar. Ontem, desde a hora em que apliquei passes em uma jovem, senti-me com a cabeça rodando e com ânsias de vômito.

— Vai ver ela é doidona.

— Deixa de tolices, filho, a jovem tem ótima aparência.

— Isso não quer dizer nada não, mãe.

Tudo estava bem agora; deixamos mãe e filho sorrindo. O trabalho havia sido feito — o material colhido para exame. Samita esclareceu:

— Irmãos, daqui iremos à casa da jovem Marta. Vamos tentar salvá-la. Pelo cheiro do vômito da médium pude ter uma ideia do grande veneno que a jovem ingeriu.

Arregalei os olhos, olhando imediatamente para a maleta azulada da Sara. Rapidamente nos deslocamos.

Era uma bela casa a da jovem, mas tive uma surpresa: nem um desencarnado para nos receber.

Inquiriu o Carlos.

— E o mentor deste lar?

Ele me mostrou o belo jardim, as formosas árvores ornamentais.

Calei-me, pensativo.

Quando entramos naquele ambiente suntuoso pudemos divisar vários espíritos desencarnados sentados, aspirando o fumo, que não era pouco. Casa lindíssima na aparência, mas pesada e mal assistida. A jovem ainda se encontrava deitada. Aproximamo-nos e percebemos que tinha no máximo quinze anos. Grandes olhos embelezavam-lhe o rosto, mas cansados e tristes. Estava apática ao movimento da vida ao seu redor.

Os nossos três médicos sentaram-se, observando-a somente, enquanto eu e Sara orávamos em silêncio. Sadu aproximou-se dela, tomou-lhe o pulso, aplicando-lhe fluidos de amor; ela sentiu uma vertigem e, assustada, tentou levantar-se. Carlos examinou-lhe o coração e chamou Samita.

— Se ela continuar ingerindo a droga, desencarna logo, o coração já está doente.

Samita pediu que permanecêssemos ali, enquanto iria ao Centro examinar a qualidade do tóxico. Desejava acompanhá-la e ela percebeu isso, chamando-me. Pusemo-nos a caminho. Estava feliz porque ia vê-la trabalhar na pesquisa.

Chegando ao Centro, dirigimo-nos para a ala esquerda e penetramos em um pequeno quarto de dois por um metro e cinquenta. Ali, irmãos, era um pequeno laboratório repleto de minúsculos aparelhos. Da maleta azul da Sara, foi retirado o material colhido da médium e colocado na frente de um aparelho rotativo, que foi logo fornecendo, em código, o resultado do exame. Samita escrevia sem parar. Apagaram-se as luzes e o aparelho foi desligado.

Voltamos rapidamente ao quarto e encontramos os médicos aplicando passes na garota. Samita chamou-os e eles leram com facilidade o que eu nada compreendia.

Fiquei intrigado com a Sara. Ela estava procurando alguma coisa pelo quarto da garota e encontrou um fundo falso no quarda-roupa, na parte do maleiro. Armazenadas, ali estavam muitas essências que a moça tão bem manipulava, fabricando a droga que até vendia para os colegas.

Olhei aquele arsenal da morte e senti uma imensa tristeza. Aquela garota comprava, em suaves prestações, a passagem para a outra vida, em recantos escuros e perigosos das zonas umbralinas. "Meu Deus, como é que os jovens não se apercebem do erro que estão cometendo? Onde está a inteligência dessa juventude? Se o nosso corpo só se movimenta sustentado por substâncias fortes, para excitá-lo, logo entra em desequilíbrio!"

Estávamos pensativos. O que fazer? Dialogamos:

— Poderemos fazer a mãe descobrir todo aquele pequeno laboratório.

— E as consequências, quais seriam?

— Nós não sabemos.

Cheguei perto da garota e iniciei um "papo" com ela, alisando seus cabelos.

"Querida, como são bonitos os seus cabelos!"

Ela sorriu e pensou: "estou toda arrepiada, cruzes!"

— "Irmã — continuei — a morte existe de várias formas e todos aqueles que mortos se sentem são muito infelizes. Morrer não é desencarnar. É viver na Terra temendo a justiça de Deus e a dos homens. Nós sabemos quando a Justiça Divina acusa. Isto é a morte, morte da liberdade, morte dos sentimentos, morte dos sonhos de felicidade. Você está morrendo. Lute, irmã, para ressuscitar para a verdadeira vida. Ontem, a irmã foi às escondidas dos ricos pais até o Centro e recebeu passe. Hoje, nós aqui nos encontramos tentando ajudá-la. Lute, irmã, para continuar o tratamento e verá o azul dos céus resplandecendo em seu coração."

"Cruzes — pensou — estou ficando doidona até sem a droga. Meu Deus, me ajude a encontrar a paz. Ontem, se eu não tivesse ido ao Centro, teria me suicidado. Encontro-me cansada e explorada por muitos."

Voltei a acariciar os seus cabelos e afastei-me dela. Aliás, afastamo-nos todos. Saímos do quarto. Será um trabalho demorado, bem sabemos, mas não temos pressa: o nosso desejo é voltar a vê-la sorrir em paz. Procurei a mãe da garota e a encontramos recostada em finos lençóis, enquanto os cinzeiros ao lado encontravam-se repletos de cigarros apagados. O ambiente da casa era o de uma família sem Cristo, apegada à matéria. Sentei-me na cama e tentei falar com a bela e jovem senhora. Passavam pelo seu campo mental a sua filha única e cenas de sua vida. Todos os gostos e desejos da menina eram satisfeitos; a separação do marido; a sua projeção nas colunas sociais; o pouco tempo para a filha; as biritas e os chás; as butiques, enfim, a solidão de uma mulher que errou por não assumir o lar. Começou a chorar baixinho. Tentei fazê-la procurar a filha para ajudá-la a se salvar.

Inopinadamente, vimos Sara entrar acompanhada da jovem. Esta lançou-se aos braços da mãe, dizendo:

— Salva-me, mãe, estou morrendo pela droga!

— Não, filha, isso não. Podia esperar tudo, menos isso, é demais para mim! Sei que mereço sofrer, mas você não.

— Mãe, sou viciada há um ano e, dia a dia, aumento as doses. Estou me prostituindo, não sei mais o que fazer, ajuda-me!

A mulher fútil chorava como qualquer mãe amorosa. A garota contou-lhe que fora ao Centro Espírita e ela, já bastante assustada, falou:

— Até nisso você entrou?

— Mamãe, tenho um colega que sarou indo lá e desde ontem não cheiro nem aplico; estou sentindo falta, mas não como antes. Ajuda-me. Vai lá e procura as pessoas encarregadas para uma orientação melhor do que preciso fazer para me salvar — Era Sara quem falava através da psicofonia da jovem.

— Iremos hoje mesmo, se este é o seu desejo, filha.

E, interiormente, orava: "Meu Deus, salva minha filha! Ela não tem culpa se somos tão errados."

Não tínhamos mais o que fazer ali, naquela hora, mas anotei na caderneta do socorro antitóxico o endereço daquele suntuoso palacete e o nome de Marta para ser pronunciado em nossas preces. Todos os dias nós, os amigos desencarnados, ali voltaríamos para tentar levar aquela família ao redil do Senhor. Mesmo Sadu, espírito experiente, estava com os olhos marejados de lágrimas.

— Que tristeza para os pais — dizia ele. Será que existe algo mais pavoroso que a droga? Acho que não. Para mim, ela é a bomba que atrofia, fere e mata.

E Carlos continuou.

— Quantos dramas ocorrem entre as quatro paredes de um lar!

Mulheres e homens, egoisticamente, agarram-se aos próprios problemas, querendo vê-los resolvidos, esquecendo-se dos filhos que se afastam em turmas, na busca do carinho, da paz e da felicidade que lhes são negados no lar.

— Tens razão, todos nós achamos os nossos problemas maiores do que os dos outros e esquecemos de viver pela felicidade dos que nos rodeiam. O que mais me entristece é a incompreensão dos encarnados com os Espíritos. Eles não imaginam o nosso trabalho, o desespero que defrontamos a cada passo; as lágrimas que tentamos reter ou secar; gemidos das dores que lutamos para aplacar. Eles pedem aos Espíritos libertos do jugo carnal palpites para jogos, qualquer que ele seja, para achar objetos perdidos, para acalmar crianças mal-educadas, para passar no exame de motorista, para fazer o carro pegar, para arrumar marido. Gostaríamos de a todos ajudar, mas temos muito trabalho a realizar e esses pequenos desacertos familiares ou profissionais cada um poderá resolver orando e se reequilibrando.

No jardim, os pássaros cantavam e o Sol oferecia aquecimento, mas, lá dentro, o ouro, a vaidade e os erros afastavam a brisa refrescante da paz.

Abraçados, iniciamos o hino da Colônia dos Miosótis e com que felicidade escutamos vozes infantis juntarem-se às nossas. Cantávamos bem alto, contentes do dever cumprido; o hino se ampliava porque toda a Natureza nos acompanhava. Éramos os jovens da Espiritualidade em trabalho na Crosta. A colônia de recuperação de toxicômanos estava unida aos nossos corações. Sadu, Samita, Carlos, Sara e eu, braços entrelaçados, vibrávamos na harmonia do hino amado:

Estamos felizes e contentes,
O céu é isto aqui.
Sentimos que somos gente
E pensamos em Ti.

Vamos subindo os montes,
O riacho a nos fornecer[16]
Aprendendo a viver
Nós vamos cantando.

16. Fornecer energia (esclarecimento do autor espiritual).

Os pássaros estão alegres,
A brisa a balançar
Os cabelos perfumados
E Jesus a nos guiar.

Os pés estão descalços
Sentindo o chão bem firme.
Este é o nosso regaço,
Aqui o amor é sublime.

As flores estão caindo
O chão a atapetar,
A Natureza está sorrindo,
Ela vive a nos ensinar.

Aqui se aprende a amar
A ajudar os irmãos.
Aprendemos a orar
E a levantar do chão.

As pedras aqui brilham,
Os espinhos são perfumados.
Aqui a gente ama,
Não procurando ser amado.

Colônia do Amor,
Tu és a Esperança.
Aqui somos as crianças
No caminho do Senhor.

Nós, os pequenos de Deus, encontramos o refúgio para nossas lágrimas no trabalho, secando lágrimas de outras crianças que ainda sonham com um mundo de paz, esquecendo de buscar esse mundo dentro de si mesmas. No abraço que nos unia, vibrávamos de amor por todos os jovens encarnados e desencarnados, dando a cada um a certeza de que existe sempre um amigo velando por nós em qualquer plano do Universo. Ninguém está sozinho.

"Jesus, estamos aqui. Fazei de nós, apesar de humildes, instrumentos úteis da Vossa Seara de Luz."

Capítulo 19

ENOQUE: UMA ESPERANÇA, UMA ALEGRIA ESCLARECIMENTOS SOBRE OS SUICIDAS

Tudo parecia diferente quando chegamos ao Centro. Observamos os encarnados que permaneciam na rotina de sempre, mas na parte espiritual havia grande movimento. Dirigimo-nos para o nosso departamento e ficamos em silêncio, orando em agradecimento. Dali a pouco, chamaram-nos ao anfiteatro para assistirmos a uma conferência. Lá comparecendo, custou-nos compreender de onde haviam saído tantos Espíritos. A sala já se encontrava quase toda lotada. Sempre junta, a turma do vaivém acomodou-se e só faltava Enoque que, por sinal, andava sumido.

Já com todos os seus lugares ocupados, fomos convidados à prece. Raios luminosos aqueciam nossos corpos, dando-nos passes de reconforto e equilíbrio. Notei que recebíamos maiores cargas fluídicas na fronte. Como sempre, não pude deixar de perguntar o porquê e Sadu esclareceu-me.

— Vamos receber ensinamentos e todos os que aqui se encontram trabalham junto aos encarnados, ficando, por isso, tão arraigados na Crosta que necessitam de um banho de amor para raciocinarem mais rapidamente. Só assim aproveitaremos melhor os ensinamentos.

Uma suave música tocava de mansinho. Os raios de luz davam-me a impressão de uma festa de fogos de artifício. Realmente, aquele era um espetáculo deslumbrante! Uma entidade por nome Autrina iniciou, em vibração altíssima, a prece.

Ao seu término, surgiram dois Espíritos com raios de luzes circundando suas cabeças. Pareciam-me as figuras das reproduções religiosas que conhecíamos. Encontrava-me maravilhado e sensibilizado, comovido, mesmo.

Nisso, alguém tocou-me os olhos, sorrindo para mim. Era Enoque.

— Posso saber o porquê do espanto?

— Ô cara, não vês que sendo eu tão pequeno, como posso ver entidades de tão alta hierarquia? Não mereço isso!

— Se você continuar tendo "chiliques" vai vê-los escurecidos — disse indicando os iluminados. O equilíbrio da mente é muito importante para todos nós.

— Não brinca comigo, Enoque. Esta hora é muito nobre para mim.

— Luiz Sérgio, irmão, isso é porque vocês, recém chegados da Terra, julgam-nos, a todos, espíritos iluminados, ou melhor, como se fôssemos santos.

— Sentimos a diferença, Enoque, das nossas vibrações, o peso da matéria. Estamos muito ligados à Terra pelos amigos, pais e parentes. Por que razão ao teu lado reconheço-me jovem e feliz, acredito em todos e os amo? Responde, por quê?

Ele não respondeu imediatamente. Olhou-me profundamente nos olhos e depois, rindo, disse:

— Porque eu amo você.

— Enoque — chamou Sara — conta-nos a tua vida. Só sabemos que és indiano e que tens a aparência de um jovem de dezenove anos, mas és velho como as pirâmides do Egito.

Nunca vi tão brilhante sorriso como o de Enoque naquele momento.

— A menininha está ficando sabida, hem? Como adivinhou que já fui uma pedra colocada ali?

Ainda ríamos quando Carlos advertiu:

— Não se esqueçam de que estamos à espera do início da conferência.

Pensei imediatamente que estávamos infringindo a disciplina, mas Sadu, então, explicou:

— Sérgio, o som está isolado, por enquanto. Não estamos incomodando.

Enoque levantou-se para se retirar e eu lhe interroguei:

— Como é, meu chapa, não vai assistir à conferência? Por que só você vai sair?

— Logo você verá, seu cabeça chata invocado — disse sorrindo, a eterna criança do mundo espiritual.

Fez-se silêncio completo na sala. Parecia que chovia no ambiente, pois uma garoa finíssima tocava-nos a cabeça, dando-nos uma sensação tranquilizante. Sentia-me enlevado, com os olhos fechados.

Quando os abri, quem vejo no lugar do conferencista? O nosso Enoque. Apresentava-se com outra roupa, bem vestido e não de calça justa e sem camisa, conforme costuma trajar-se. Fazia-se acompanhar de um simpático velhinho, com um cajado nas mãos, olhos cintilantes, vestido com um camisolão de um branco translúcido. Enoque piscou o olho para nós e eu me envergonhei, não sei bem por quê.

Senti que só eu não esperava isso, os meus amigos pareciam já acostumados. Meus olhos não o largavam como a querer reter a sua figura alta e simpática na lembrança. Seu sorriso estava a transmitir esperança e alegria. Cruzou os braços no peito e iniciou a palestra:

— "Queridos irmãos, amigos e companheiros da grande caravana divina que se forma, dia a dia, nas estradas evolutivas. Como viajantes ainda, necessitamos de descanso e, nas paradas da vida, angariamos experiências para atingir o cimo da grande montanha. Como jovens, sonhamos com a liberdade, aquela que é todo o nosso viver, a continuação do Pai em nós. Somos jovens porque a juventude nos impulsiona longos anos à frente, em trabalho e evolução. Por que, então, envelhecer? Por que lamentar o cansaço? Por que viver de saudades? Por que não diligenciamos para fazer germinar em nossos corações a eterna alegria de ser jovem?

Hoje, encontramo-nos aqui, juntos, aprendendo com o Alto as lições que a vida nos dá. Com elas obteremos forças para continuar a jornada sublime da evolução.

Amigos, somos o corpo de Cristo. Ele dividiu a dor do Calvário com cada irmão. Servi-Lo é sentir a dor do próximo, esquecendo a sua própria, esforçando-se, com o Cristo, para curar, levantar e levar a Deus os nossos irmãos retardatários. Choram, atualmente, os corações dos pais. Morrem com os filhos as esperanças acalentadas a cada instante. Tudo está ficando enegrecido pelos vícios e erros humanos. O ser está ficando atrofiado, mas nós, que conhecemos Jesus e com todo ardor O amamos, não podemos deixá-Lo sozinho, preso na cruz das nossas imperfeições.

Pedimos sempre ao Pai, que é Deus, para nos ajudar, mas nada fazemos para chegar até Ele. Chega de trespassar o punhal em tão sublime coração; chega de dizer que O servimos, esquecendo-nos de buscá-Lo onde germina e cresce a fome e o abandono; chega, irmãos, de clamar por justiça, liberdade e amor, sem procurar onde podemos obtê-los, isto é, oferecendo tudo isso ao nosso próximo.

Brilhará a luz do Cordeiro em cada lar se fizermos de nossos lares recantos do Evangelho. Jovens samaritanos do amor, somos os pequenos de Deus, mas precisamos transformar cada jovem em um caravaneiro do trabalho do Cristo. Levantemo-nos do chão do egocentrismo e nos tornemos um raiozinho de sol, penetrando com humildade em todos os corações. Vamos dar as mãos. Só assim as pedras não ferirão nossos pés, porque Ele, o Mestre, encontrar-se-á entre nós, ajudando-nos a trabalhar pela recuperação dos jovens, ensinando-os, exortando-os a preservar a bela semente plantada em cada ser por Deus, nosso Divino e Sublime Criador.

Vamos, irmãos, Ele nos espera, não em uma cruz infamante, como continuamos a colocá-Lo, mas belo e radiante, feliz à nossa frente, como o Grande e Querido Pastor de Almas, Ele, o Senhor Jesus Cristo, o homem, irmão e amigo de Nazaré, o perfume eterno do planeta Terra."

Calou-se a voz de Enoque, mas permaneceu no ar sua vibração.

Desejava abraçá-lo, mas não o fiz. Karina estava com os olhos úmidos. Acariciei-a e ficamos abraçados. O sisudo Sadu alisou-me os cabelos, enquanto os outros o faziam à Karina.

— Irmãos, disse-lhes, muito emocionado — tenho pavor de me separar de vocês. Amo-os muito e sei que não é bom este apego a que me estou deixando levar.

— Somos parecidos, Sérgio — confessou Karina — não sei viver sem vocês. O mundo me bateu muito. Tive falsos amigos que me fizeram cair no vício, levando-me à degradação como mulher. Aqui, ninguém me despreza, mesmo vendo o meu corpo atual repleto de manchas negras; pelo contrário, esses bons Espíritos me amam e me respeitam. Como não vou amá-los, também?

A irmã encarregada da Colônia dos Miosótis, que ali viera para assistir à palestra, sorriu para nós dois, observando:

— Todas as vezes que paramos para recordar o passado e temer o futuro não aproveitamos o presente. Vamos, irmãos, temos um triste caso a resolver. Agradeçam ao amigo Jesus, mas nunca julguem que não merecem o que recebem.

Saímos todos juntos, cantando os hinos da colônia, e depois nos separamos, cada grupo dirigindo-se ao seu trabalho ou ao alojamento no Centro, procurando entrar em meditação em seus aposentos.

Eu, distraído, de cabeça baixa, fui andando até o salão. Sentia algo me apertando o peito: saudade, apreensão, nem sei o quê.

Sentei-me no imenso auditório e tinha as mãos sobre as pernas. Pensativo, olhava o teto, quando alguém se aproximou de mim. Era um simpático velhinho que, desveladamente, cuida da parte espiritual do Centro. Sorri, e ele pediu meu consentimento para sentar-se perto de mim.

— Irmão, disse, acho que hoje não sou boa companhia. Meu coração dói de saudade.

— Luiz Sérgio, tenho acompanhado o trabalho de todos vocês e minhas preces são para que os espíritos se unam para a salvação da família. O problema é sério. Vocês estão realizando um grande trabalho.

— O irmão acha mesmo?

— Sem dúvida. A sociedade ainda não despertou para tão triste fato. Hoje, enquanto vocês estavam na conferência, os orientais trouxeram para a Casa uma jovem de tenra idade, de apenas nove anos, que desencarnou pela droga, encontrando-se nesse momento na sala de emergência para depois ser removida para a colônia.

— Bom irmão, poderia levar-me até lá? Gostaria de vê-la. Não há inconveniente, espero.

— Não, amigo, vamos até lá. Esse é o seu trabalho.

Ninguém deve esquecer que estávamos em um Centro Espírita de encarnados, tendo junto a ele um belo e reluzente Centro espiritual.

Chegando à porta, pedimos licença aos lanceiros que muito bem a guardavam e entramos. Os médicos prestavam assistência à criança e não se incomodaram com a nossa presença. Observei o corpo tão frágil e cambaleei: ali se encontrava uma suicida na flor da vida corpórea. A criança desencarnara por dose fortíssima de "loló". Era "loló" das favelas, mistura de substâncias altamente corrosivas que, ao serem inaladas, causaram lesões sérias nas partes respiratórias.

Acariciei aquele rostinho que dormia acossado por fortes pesadelos. Sorri tristemente para os médicos, os nossos amigos Sadu, Carlos e Samita, que ali se encontravam. Pelo olhar de Sadu notei que eles precisavam que eu os ajudasse. Imediatamente me pus a serviço, bem como o velhinho que eu acompanhara.

Vocês irão perguntar: "o que você, Luiz Sérgio, não sendo médico, poderia fazer numa situação dessas?"

Eu respondo:

Amigos, tudo podemos aprender quando assim desejamos. Ali tornei-me um atendente e com que amor procurei sê-lo!

Eles faziam uma lavagem perispiritual na garotinha e o líquido era magnetizado por entidades de outro Plano. Servimos de médium para a magnetização da água: eu e o meu amigo. Fechamos os olhos e com as mãos em concha captávamos fluidos. Logo em seguida, colocávamos nos recipientes já preparados, notando que a água chegava a ficar azulada, de tanta pureza.

Ouvimos o médico-chefe dos trabalhos dizer:

— Em três dias ela poderá ser levada para a Espiritualidade. O tratamento vai ser demorado. Ela se encontra ainda anestesiada pelas sensações da droga. Só sairá desse torpor quando sentir vontade.

Confesso que estava um tanto confuso e me perguntava: "o suicida não fica no túmulo, vendo seu corpo corroído pelos vermes?"

Respondendo a essa indagação mental, o médico-chefe adiantou:

— Amigo, logo lhe daremos as explicações que deseja.

Fiquei envergonhado e continuei o meu humilde trabalho, que para mim é dos mais nobres, agora sem nenhuma interrogativa.

Depois que fui liberado, saí, sentei-me no chão, ou melhor, em um pequeno jardim que separa o posto assistencial do restante da casa. Fiquei brincando com os dedos, quando o médico idoso aproximou-se de mim e fez o mesmo, isto é, sentou-se na relva. Levantei-me de um salto, pedindo desculpas a ele. Este, já sentado no chão, sorriu e me disse:

— Fique à vontade, jovem amigo, vamos conversar.

Meio sem jeito o fiz, iniciando ele o bate-papo.

— Como é, o que você tem aproveitado dos dias que vem passando na Crosta? Foram ou não de grande aprendizado para você, nesta nova vida?

Nem tinha voz para responder. Sem atinar com o motivo, estava muito nervoso. E fiquei muito tempo com a cabeça sobre os joelhos orando, imóvel. Minha pressa acabara de ser testada, pois esperei pacientemente que ele voltasse a me falar.

— Luiz Sérgio, várias transformações estão se operando na ciência e nos homens. Não se esqueça de que nós já fomos e voltamos várias vezes; estamos aprendendo a desencarnar. Mesmo com a mínima compreensão espírita, o Espírito retém na lembrança os momentos passados na Espiritualidade. Hoje, quando desencarnados, não nos sentimos como antigamente, desesperados por não acreditar em outra vida. Todas as religiões, ou mesmo os ateus, temem a morte e o mundo espiritual. Esses, no fundo, sabem que não pode terminar tudo em uma campa fria. Seria muito fácil para os maus e muito triste para todos. Morrer não é desaparecer, por isso não há morte. Ninguém desaparece, apenas muda de plano e de roupa. Irmão, a ciência, nos grandes centros científicos, está estudando os fenômenos paranormais, estando bem adiantada.

Sendo assim, quase todos nós, quando desencarnamos, esperamos encontrar algo além-morte. Anteriormente, isso não ocorria. Muitos espíritos, quando desencarnados, nem sabiam que poderiam aproximar-se dos encarnados, ignorando esse intercâmbio. Os chamados mortos, hoje, convivem com os vivos e participam com eles de quase tudo, de acordo com a evolução de cada um.

Você perguntava como, sendo suicidas, os irmãos socorridos pela Falange dos Jovens Samaritanos do Amor não ficam presos a seus corpos, vendo-os decomporem-se no túmulo. Sérgio, tudo é evolução, e se anteriormente este processo dava-se até com os suicidas inconscientes, agora, de acordo com o processo evolutivo, esses casos diminuíram muito. Só sofrem este tormento os suicidas conscientes, os que, acovardados, deixam-se levar pelas mentes doentes. Mesmo assim, vários são socorridos conforme o campo mental de que são possuidores. E os suicidas inconscientes ligam-se a entidades afins, como o amigo presenciou nos discípulos do Tongo. Levar socorro a um irmão assim torna-se difícil, pois ele mesmo o rejeita. Entretanto, quando eles desejam livrar-se do jugo são socorridos por Jesus.

— Então, muitos suicidas são socorridos, não é mesmo?

— Sim, são socorridos. Ninguém é abandonado pela Providência Divina. Porém só é tratado quem procura o remédio. Devemos respeitar a vontade de cada um.

— Com relação aos toxicômanos, como seria possível classificar seu desencarne?

— Este tipo de suicida é um dos mais graves, com mais dificuldades de ser tratado do que um suicida comum.

— Como é isso, doutor, poderia explicar-me?

— Pois não, garoto. Como sabemos, o toxicômano morre lentamente — quando digo "morre" é porque ele, sim, morre mesmo. O tóxico vai adormecendo-lhe as fibras nervosas e o viciado começa a sofrer um retardamento mental, só despertando e sentindo emoções através de novas e sucessivas doses, aumentadas cada vez mais. Sendo assim, ele vai destruindo o seu corpo astral, que é o perispírito, e este, sendo afetado, dificultará sobremaneira a sua recuperação. O toxicômano tem os olhos dilatados e a cor amarelada. Suas reações motoras são lentas, ou melhor, retardadas. Como vemos, o viciado morre aos poucos, isto é, suicida-se lentamente.

Quando falamos "viciado", incluímos o alcóolatra, o guloso e o prisioneiro de outros vícios, tais como o simples cigarro. O mais nocivo é a droga, porque esta atrofia o perispírito, que corre o risco de voltar até à condição de óvulo, tal a sua periculosidade.

Já imaginou o desespero de um espírito munido de inteligência sentir que é um embrião? Isso porque não há o adormecimento da consciência. Esta permanece lúcida para dar ao espírito condição de se regenerar.

— Santo Deus, mas é terrível demais! Há algum lugar onde possamos observar estes irmãos em padecimento?

— Sim, mas é muito cedo para o seu grupo penetrar nele. Espere, Luiz, que um dia a Terra vai conhecer todo esse mundo de verdadeiros mortos-vivos.

— Irmão, o que posso fazer para agradecer esta aula tão esclarecedora e sublime? Só posso abraçá-lo e dizer como o nosso grupo costuma fazer: "irmão, eu amo você!"

Sorrindo, ele respondeu:

— O maior agradecimento é através do trabalho. Ajude-nos sempre. Precisamos muito.

— Posso saber o seu nome?

— Chamo-me Luciano. Fui médico em São Paulo. Desencarnei com câncer, um carma que me deu condição de trabalhar depois para o bem do meu próximo.

— Isto faz muito tempo, amigo?

— Não, só uns trinta anos. Muito pouco, não?

— Pouco? Acho um tempão!...

Levantamo-nos e ele, carinhosamente, pousou sobre os meus ombros aquelas iluminadas mãos e os apertou como se estivesse me encorajando ao trabalho, fitando-me nos olhos. Despediu-se e caminhou de volta à sala de emergência.

Capítulo 20

AMIGOS, ATÉ LOGO MAIS!...

O Luiz Sérgio triste e alquebrado de antes parecia agora um rouxinol feliz e saltitante. Quando me vi sozinho, pulava de alegria por ter sido rodeado de tantos e tão bondosos amigos. Sai correndo e... quase derrubei Karina.

— É... seu avião a jato, o que aconteceu? Tenha dó dos frágeis!

Desculpei-me, contei a ela por que estava contente e passei adiante a aula recebida...e por quem.

— Todos o amam muito. É um médico brasileiro, um cientista muito amado.

— Sérgio, sabe quem encontrei? O nosso querido amigo Ocaj. Ele está aqui com Onor. Trouxe vários espíritos para tratamento no Centro.

— Karina, será que já vamos embora para a colônia? No princípio desse trabalho estava triste, mas agora até que estou gostando.

— Lembre-se de que temos de voltar às aulas. As férias já estão acabando.

— É mesmo, Karina. Você tem razão. Somos hoje peixes que morrem fora d'água. Percebi agora que ainda tenho muito a aprender e que, para servir, temos de estudar muito. Karina, eu quase nada sei do mundo espiritual. Ele voa em progresso e se a Terra vive evoluindo, já imaginou o mundo espiritual? E quem parado ficar, come minhoca por caviar, como diz o Carlos.

— Ninguém pode dizer-se sábio, porque a Sabedoria coloca o Espírito no plano da humildade, e este plano é sublime.

— Karina, eu só ditarei para a médium que me empresta a mão o que me é possível falar. Sempre fui muito brincalhão, alegre e feliz, e desencarnei jovem. Como é que, de repente, vou-me tornar intelectual só porque viajei para outro plano, falando e escrevendo difícil? Não. O leitor terá de respeitar a minha maneira simples de escrever, como somente eu o posso fazer, o que permite a minha inteligência. Karina, amo a Terra e respeito os encarnados, mas voltando ao mundo espiritual encontrei tantos bons amigos que com eles procuro respeitar a mim mesmo, fazendo o melhor que posso.

E fomos, eu e Karina, caminhando até o pátio, nessa conversa animada e franca. Lá, Enoque e outros amigos nos esperavam.

— Queridos irmãos, avisou Enoque, hoje vamos voltar à colônia. Aqui deixamos uma semente e logo voltaremos para novos trabalhos.

Procurei os médicos amigos. Não estavam por perto.

— E eles? perguntei. Não vão com a gente?

— Não. Eles sopram onde querem; ficam aqui e lá. Nós não, temos de aprender muito ainda.

— Mas — perguntou Sara — não vamos nem nos despedir deles?

Nesse exato momento apareceu a turma amiga.

Sadu abraçou-se comigo, dizendo:

— Frade, estude bastante. Logo estaremos em novos trabalhos.

Samita beijou-me o rosto.

— Sabem que nós os amamos — disse. Sejam obedientes, meninos. Juntos estaremos muito em breve, novamente.

— E você, Carlos — perguntei. Também se separa de nós?

— Não. Logo voltarei à universidade. Só vou esperar a garotinha melhorar (referia-se à menina de nove anos desencarnada e que estava ainda sob os cuidados médicos no Centro).

— Por favor — continuou Carlos dirigindo-se a mim — guarde minhas coisas e não mexa nelas, viu, seu garoto levado!

Ele era meu companheiro de quarto. Abraçamo-nos demoradamente.

— Vamos parar com tanta despedida — falou Enoque. Mostram bem que estamos na Terra. "Amigos, até logo mais!" — deve ser a nossa despedida. O diretor desta querida Casa Espírita nos espera no auditório. Vamos nos despedir de todos e agradecer os dias felizes e bem protegidos que aqui passamos.

Quando chegamos ao local, ele estava todo florido e uma bela música envolvia o ambiente. Ao entrarmos, todos se levantaram para nos saudar. Sentamos e o dirigente da Casa fez uma prece de agradecimento ao nosso trabalho ali e, olhando para mim, convidou-me para chegar à frente e fazer a prece de despedida. Fiquei gelado. Karina apertou-me forte as mãos e Samita, Carlos, Sadu e Enoque incentivaram-me, exclamando:

— Para frente com o Cristo, amigo. Ele se encontra junto a nós.

Cheguei ligeirinho ao palco, respirando fundo. Apertei a mão do amigo e entrei em sintonia com o Alto, olhando antes a plateia. Meu avô se encontrava bem à frente. Emocionado, cumprimentei-o com o olhar e ele sorriu, feliz. Procurei de olhos fechados, encontrar Jesus e Maria. Iniciei a prece:

Obrigado, Pai, por nos terdes criado puros e humildes.

Obrigado, Pai, por terdes colocado o mais puro Espírito, que é Jesus, à nossa frente, indicando-nos o caminho.

Obrigado, Pai, por terdes colocado o carinho e o afeto de Maria junto a cada lar, como o grande símbolo de coragem e amor.

Obrigado, Pai, pelas horas de trabalho a nós ofertadas, não permitindo que ficássemos parados.

Obrigado, Pai, pela bondade com que nos cercais, dando-nos a certeza do Vosso amor para com todos nós.

Obrigado, Pai, pelo caminho de lutas, que dá a cada Espírito a oportunidade de atingir a perfeição.

Obrigado, Pai, pelo perdão das nossas ofensas, esquecendo-as com o fruto sagrado da reencarnação.

Obrigado, Pai, pelas horas felizes ao lado de Jesus, quando, olvidando-nos, encontramos o bálsamo na grande fonte da caridade.

Obrigado, Pai, pelos irmãos nossos que, ainda na carne, lutam para cumprir a tarefa do bem-viver e também pelos outros que na vida espiritual lutam para voltar à carne.

Obrigado, Pai, pelo coração que ama, que sente saudade e chora de felicidade por ter um dia voltado e só ter encontrado amigos.

Obrigado, Pai.

Quando reabri os olhos, já terminada a prece, todo o auditório, de pé, iniciava a cantar o belo hino da Colônia dos Miosótis. Uma chuva de luzes chegava do Alto, cobrindo cada Espírito presente. Um espetáculo de rara beleza.

Fui saindo devagar, cantando junto com os irmãos. A música estava sendo interpretada não só por nós, como por todos os jovens desencarnados que, naquele momento, uniam-se para a grande batalha de amor, em defesa da felicidade familiar: a orientação contra a droga.

O céu era ali e com que contentamento repartimos tudo com você, que, carinhosamente, até aqui nos fez companhia!

Até logo, amigo. Lembre-se de que Jesus está junto daquele que ama e respeita seus irmãos, por ser Ele o verdadeiro amigo de cada um de nós.

Luiz Sérgio